JN000381

ICT導入から始める介護施設のDX入門ガイド

今すぐできる！

仕事が変わる!!

準備から運用まで徹底解説

株式会社ビーブリッド　竹下 康平　著

第一法規

はじめに

　介護保険制度がはじまり20年以上が経過し、著者が介護事業に関わるようになってからは15年以上が経過しました。その当時を振り返ると、著者も介護現場にICT活用は「一部の業務を除きそこまで必要がない」という認識でした。それは介護の現場は人が人を支援する対人援助中心のサービスが業務のほとんどを占めており、また職員の採用は難しかったものの、今ほど人材不足が深刻化していなかったため、優秀な職員の皆さんが手厚いケアを提供する体制が整っていたからに他なりません。当時から2025年問題について取り上げられていましたが、まだまだ10年も先のことと捉え、生産性向上の取組みなどはなかなか進んでいませんでした。

　それから年を重ね、令和に入り、いよいよ地域によっては人口減社会に起因する深刻な人材不足に陥りました。その結果、専門職が事務も含めて兼任しなければならない事態や、介護保険制度や各手当に関する事務業務の煩雑化により、本業のケアに注力する時間が少しずつ奪われてきました。2021（令和3）年に始まった科学的介護（LIFE）の実践においても、その概念や取組み自体は素晴らしいものの、同様に事務業務の負担が増加する事態となっています。

　このように現在の介護現場では、私が日ごろ尊敬してやまない介護の専門職の皆さんが持てる力を最大限発揮してケアに注力できない状況になっています。そしてまだまだ進む生産年齢人口減少社会においては、現場の皆さん自身の対策なくして現状が改善される可能性が低いことは火を見るよりも明らかです。著者はこれまで介護に従事している数多くの方々より介護業界向けのICT活用書の執筆を期待されておりましたが、今こそICT活用を通じ、現場の皆さんのお役に立ちたいという一心で、本書の執筆を決意しました。

　本書は著者が最も重要と考えるDXやICT活用の意義から実際のICT活用の実践まで、これまで15年以上培ったノウハウを惜しみなく綴っております。ぜひ、多くの介護施設の皆さんに本書を役立てていただければ幸いです。

2023年6月

株式会社ビーブリッド　竹下 康平

目　次

はじめに III

第 1 章　なぜICTが必要なのか

1　ICTとは何か 2
　(1)　用語の整理 2
　(2)　ITからICTへ 3

2　介護の質を持続するために 4
　(1)　介護人材不足は、さらに深刻化する 4
　(2)　かくして、ICTは不可欠な存在となった 8
　(3)　介護業界へのICTの普及 13
　(4)　利用者・家族のICT利用 16

3　「生産性向上」なしには、未来の利用者は守れない 20
　(1)　ICT活用と生産性の関係 20
　(2)　介護における生産性向上の考え方 21

4　「科学的介護」でなぜケアの質が向上するのか 24
　(1)　科学的介護で、「介護の専門性」が開花する 24
　(2)　科学的介護がもたらす、もう一つの宝物 25

第 2 章　導入にあたり準備すべきこと

1　体制・組織づくり 28

2　現状分析からはじめる問題・課題・解決策 30
　(1)　現状分析のポイント 30
　　　Column　進化するIT環境〜年賀状の例〜 31
　(2)　現場のレベルでの現状把握［ムリ・ムダ・ムラの把握］ ... 32
　(3)　業務改善委員会の現状認識 34

3　法人のポリシーの決定 39

4　スケジュール化と予算化 41
　(1)　スケジュール化 41
　(2)　スケジュール化と予算化 42

5 ICTの導入・選定 ……………………………………………… 43

（1） 要望と製品の適合性 …………………………………………… 43
（2） コストの適合性 ………………………………………………… 44
（3） ベンダーの能力と信頼性 ……………………………………… 45

6 環境整備 ……………………………………………………… 48

（1） スマートフォン ………………………………………………… 48
（2） タブレット ……………………………………………………… 49
（3） パソコン ………………………………………………………… 49
（4） 業務用ネットワーク …………………………………………… 49
（5） 利用者用ネットワーク ………………………………………… 50
　　　Column　補助金活用のすすめ ……………………………… 51

7 ICTに関する教育の実施 ………………………………… 53

（1） ICTに関するイメージ変革 …………………………………… 53
（2） ICT基礎能力（ICTリテラシー）の向上 …………………… 55
（3） 最新機器等の情報と活用事例の収集 ………………………… 56
（4） 情報セキュリティに関する教育 ……………………………… 56

第 3 章 情報管理の徹底

1 デジタル化が進む介護施設の脅威 …………………………… 58

2 介護施設運営に潜む情報セキュリティリスク ……………… 61

（1） 進化を遂げた介護施設 ………………………………………… 61
（2） 介護施設運営に潜む情報セキュリティリスク ……………… 62

3 介護施設が進めたい情報管理対策 …………………………… 64

（1） 個人情報取扱事業者として …………………………………… 64
（2） 今、介護施設が進めたい対策 ………………………………… 65
（3） 情報管理の徹底 ………………………………………………… 70
　　　Column　可用性と完全性 …………………………………… 72

第 4 章 運用の落とし穴

1 導入後、すぐには結果が出ない（我慢の期間） ……………… 74

（1） 導入前に描いた夢 ……………………………………………… 74
（2） ICT化我慢の曲線 …………………………………………… 74
（3） 現場との温度差 ………………………………………………… 76
（4） 過去の体験も影響 ……………………………………………… 77
（5） 運用までの「山道」を共有する ……………………………… 77

2 職員全員がICTを活用するために 78

(1) ICTリテラシーのバラツキに目を向ける 78
(2) フォローアップの留意点 78

3 想定どおりに活用できているかを検証する 80

(1) KPI設定 80
(2) 職員のストレスや満足度を評価する 82
(3) 「運用不具合」「仕様不具合」を検証する 84
　　Column　システム改善への期待はほどほどに 88

4 運用管理委員会を作り、改善を推進する 89

(1) 運用管理委員会の性格 89
(2) 運用管理委員会の役割と仕事 89

第**5**章　介護施設に求められるICT機器

1 IoT（見守り支援機器） 92

(1) 機器の特徴・活用シーン 92
(2) 選定のポイント 92
　　事例1　映像データを活用したケアで訪室回数の減少とケア品質の向上へ 95
　　事例2　見守り支援機器で得たデータを職員のスキルアップに活用 98
　　事例3　夜間巡回業務の負担軽減で職員の働きやすさ、利用者のQOL向上を実現 102
　　事例4　見守り支援機器で利用者の転倒・転落事故の40％減を実現 106

2 介護記録（請求）ソフト 110

(1) 機器の特徴・活用シーン 110
(2) 選定のポイント 110
　　事例5　介護記録システムの活用で月179時間の業務時間削減を実現 113

3 コミュニケーション機器 119

(1) 機器の特徴・活用シーン 119
(2) 選定のポイント 119
　　事例6　離職率4.2％を実現した介護現場のコミュニケーション革新 121
　　事例7　有料老人ホームの運営に必要な情報を集約して
　　　　　多職種でのスムーズな情報連携を実現 129
　　事例8　BCP対策や利用者の家族との連絡にコミュニケーションツールを活用 133
　　事例9　採用から定着までの課題をコミュニケーションツールで解決 136
　　事例10　インカムの導入で移動や情報伝達の労力を大きく削減へ 140

4 業務省力化 143

(1) 機器の特徴・活用シーン 143
(2) 選定のポイント 143
　　事例11　月締め対応が半減しペーパーレス化も促進、業務効率の大幅改善へ 145

事例12 送迎の負担軽減で、利用者一人ひとりと向き合う時間が増え、
顧客満足度が向上した事例 ……………………………………………… 149

第 6 章　科学的介護（LIFE）推進のすすめ

1 科学的介護（LIFE）これまでの流れ …………………………………… 154

  （1）　科学的根拠に基づく医療 ………………………………………………… 154
  （2）　未来投資戦略2017 ……………………………………………………… 155
  （3）　VISITとCHASE ………………………………………………………… 156
  （4）　LIFEの概要と関連加算 ………………………………………………… 158
  （5）　データに基づくPDCAサイクル ……………………………………… 160

2 科学的介護が介護現場にもたらす効果 ………………………………… 161

  （1）　科学的介護の実践は、介護の質向上への取組み ……………………… 161
  （2）　科学的介護は「考える現場」をつくる ………………………………… 162
  （3）　LIFEのデータは多職種間の共通言語となる ………………………… 163
  （4）　今後求められる介護施設の人材 ………………………………………… 164

3 科学的介護（LIFE）に取り組むことの必要性 ……………………… 166

  （1）　介護も含めた「全国医療情報プラットフォーム」の構築へ ………… 166
  （2）　LIFEの活用は時代の流れ ……………………………………………… 168

4 科学的介護（LIFE）実施にあたって準備すべきこと ……………… 171

  （1）　多職種でデータに基づく議論を行う場を準備する …………………… 171
  （2）　「データオーナー」を設置し、入力内容の均質化を図る …………… 172
  （3）　現場での入力作業の負荷を軽減する …………………………………… 173

5 今からでもできること …………………………………………………… 174

  （1）　LIFEの将来像 …………………………………………………………… 174
  （2）　現場での専門スキル向上にもたらす影響 …………………………… 176
  （3）　セルフチェックのすすめ ……………………………………………… 177
  （4）　定点観測とビジュアル化のすすめ …………………………………… 177
  （5）　科学的介護のすすめ …………………………………………………… 178

おわりに ………………………………………………………………………… 181

著者紹介 ………………………………………………………………………… 182

事例提供会社 …………………………………………………………………… 182

第1章

なぜICTが必要なのか

　インターネットは、もはや全世界の人々に欠かせない社会・経済のインフラとなっています。そのインターネットとコンピュータテクノロジーの発展が実現するICTは、今の時代、さらには、これからの時代に必須の「コミュニケーション技術」といえます。第1章は、ICTの横顔を紹介しながら、なぜ介護現場にICTが必要なのか考えていきたいと思います。

1 ICTとは何か

　本書のキーワードである「ICT」について、読者の皆さんと共通理解をしておきます。

　ICTは、Information and Communication Technology の略称で、日本では「情報通信技術」と一般的に訳され、「情報通信により、人とインターネット、人と人とがつながる技術」といえるでしょう。もう少し平たくいえば次のとおりです。

> ［ICTの簡単な定義］
> 　今まで入手することに苦労していた情報を簡単に見ることができ、今まで難しかったコミュニケーションが簡単にできるようになる技術。通常、画面を介して人が使用する。

　そして、このICTが、介護施設に大きな変容をもたらすことになります。

(1)　用語の整理

　ICTに似たワードとして、ITやIoTがあります。AIやDXを含め、まずは、用語の整理をしておきましょう（**図表1-1**）。

　こうした技術の基盤となっている社会基盤（インフラ）が、インターネットです。インターネットとは、世界中のコンピュータなどの情報機器を接続するネットワークのことをいいます。日常的に使われる情報機器には、パソコン、スマートフォン、タブレットなどがあります。

図表1-1 ICT関連の用語整理

略称	正式名称	一般的な日本語訳	内容	活用例
ICT	Information and Communication Technology	情報通信技術	情報通信により、人とインターネット、人と人がつながる技術	インターネット検索、メール、SNS、テレワーク、Web会議、オンライン診療、電子カルテ、介護記録の共有、介護報酬請求など
IT	Information Technology	情報技術	情報技術そのもの。ハードウェア、ソフトウェア、情報通信の総称	パソコン、スマートフォン、タブレット、アプリケーションなど
IoT	Internet of Things	モノのインターネット	人を介さずにモノがインターネットとつながる技術	自動運転、スマート家電、工場や農作物の自動管理など
AI	Artificial Intelligence	人工知能	人間のような知的な情報処理を行うソフトウェア（プログラム）	画像認識、音声認識、自動翻訳、チャットGPT、診断支援、ケアプラン作成支援など
DX	Digital Transformation	デジタルによる変容	ICT、IoT、AIなどの先端的なデジタル技術により、生活、組織、社会を根底から変えること	（デジタル技術による）業務改革、組織の文化・風土の改革、製品・サービスの質の革新的な向上

⑵ ITからICTへ

　⑴ではICTやITなどの用語について整理しました。ただ、厳密な使い分けは、それほど重要ではありません。

　日本では、介護保険制度がスタートした2000（平成12）年に、「IT基本法（高度情報通信ネットワーク社会形成基本法）」が成立。これを受けて総務省は、日本型IT社会の実現を目指す「e-Japan戦略」を進めてきましたが、その後、コンピュータネットワークなど情報通信技術を活用して、いつでもどこでも簡単に、必要な情報を得ることができる社会の実現を目指す「u-Japan構想」（uはユビキタス：あらゆるところに同時に存在するという意味）へ改められたのを期に、「IT」から「ICT」へと使用する用語の変更が行われました。「情報通信白書　平成17年版」（総務省・2005〔平成17〕）では、この変更を「情報通信におけるコミュニケーションの重要性をより一層明確化するため」としています。

　また、国際的には、「IT」よりも「ICT」が一般的に使われていることもあり、日本でも「ICT」が用いられるようになりました。ただし、両者に厳密な違いがあるわけではありません。

　本書では、すべての人の暮らしを豊かにする技術として、「ICT」の用語を用い、そこには、IoTやAIも含まれるという緩やかな用語づかいで進めていきます。そして、ICTの有効活用により、介護施設のDXを成功に導くことが、本書の大きな狙いです。

2 介護の質を持続するために

　なぜ介護施設で、ICTを活用した方が良いのでしょうか。結論から先にいえば、ずばり、「将来的に介護の質を維持・向上させるために、ICTは必要不可欠である」からです。まずはその時代背景を押さえておきましょう。これは、法人や組織の意思決定者がICTを導入する際に職員への説得材料となるものです。

(1) 介護人材不足は、さらに深刻化する

●生産年齢人口が10年で1割ずつ減少

　日本の総人口のピークは、2008（平成20）年で、2011（平成23）年以降、一貫して減少しています。一方、生産年齢人口（15〜64歳）の減少は、それよりも早く、1995（平成7）年から減少しています。

　生産年齢人口の減少傾向はこのまま続くことが予想され、2050（令和32）年には、5,275万人となり、2021（令和3）年の7,450万人に比べ、約3割（29.2%）の減少となることが見込まれています（**図表1-2**）。

　生産年齢人口の減少は、労働力の減少を意味します。30年間で3割減は、実は大変な数字で、10年間で1割ずつ労働力が不足していくということです。たとえば、職員が10人いれば、10年後には9人、20年後には8人、30年後には7人…というように職員の不足が起こり得ます。しかも、介護の現場では、不足していく労働力で、今よりも多くの高齢者を支えていかなければならなくなります。

　そして私たちは、まもなく2025年問題に直面します。2025年問題とは、2025（令和7）年に「団塊の世代」が要介護認定を受ける人の割合が大きく上昇する75歳以上の後期高齢者となることを指しますが、75歳以上人口は、その後も30年近く増加傾向が続くものと見込まれています（**図表1-2**）。

図表1-2 高齢化および生産年齢人口の推移と将来推計

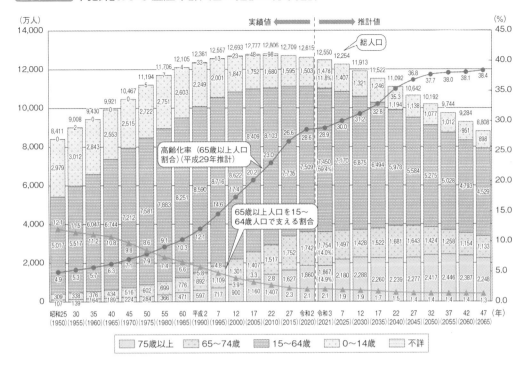

出典：「令和4年版 高齢社会白書」内閣府・2022年

●介護人材の不足が深刻化

　生産年齢人口が減る一方で、介護が必要になる割合が高い75歳以上人口が増え続ける結果、介護人材の不足が起こります。

　厚生労働省によると、超高齢社会の進展と生産年齢人口の減少により、2025（令和7）年度には約32万人、2040（令和22）年度には約69万人の介護職員が不足すると予想されています（**図表1-3**）。この介護職員の不足には、年代別人口に占める要支援・要介護認定者の割合が約6割となる85歳以上の人口の急速な増加（総務省「人口推計」によると2020〔令和2〕年に比べ、2040〔令和22〕年には約400万人の増加が予想されている）も大きく影響するものと考えられます。

図表1-3 高齢者の対人口比と不足する介護職員数

	65歳以上が総人口に占める割合	75歳以上が総人口に占める割合	必要な介護職員数	介護職員の不足数
2025年	30.0%	17.8%	243万人	32万人
2040年	35.3%	20.2%	280万人	69万人

出典：「第8期介護保険事業計画に基づく介護職員の必要数について」厚生労働省・2021年／「高齢者の人口」総務省統計局・2020年を基に著者作成

●介護人材の確保は難航

　介護人材をどう確保するかは、わが国にとって喫緊の課題です。国も「介護現場革新会議」（厚生労働省・2018〔平成30〕～）、「社会保障審議会」（厚生労働省）、「規制改革推進会議、医療・介護・感染症対策ワーキング・グループ」（内閣府・2022〔令和4〕～）等、各省庁の会議体において知恵を絞っていますが、特に介護人材の確保については、即効性のある施策はなかなか見いだせていないようです。

　新型コロナウイルス感染症禍以前と以降の一般常用労働者における各10月の東京都における有効求人倍率を職種別に比較してみました（**図表1-4**）。なお、常時的パートタイム労働者の求人倍率は、一般常用労働者より若干高めの傾向があります。

　これによると、職種の中でも介護関連の求人倍率が高く、介護人材不足の深刻さが読み取れます。また、コロナ禍以前の2019（令和元）年10月とwithコロナ時代に突入したと考えられる2022（令和4）年10月において、求人倍率が1を下回っているのは、一般事務員だけであり、他の職種、中でも介護関連、建設、接客・給仕の職種は、人材確保が難しいことがわかります。さらに、介護関連の職種は、他産業と比較するとコロナ禍の影響をあまり受けておらず、「慢性的な人材不足状態」といえるでしょう。

図表1-4 有効求人倍率（東京都・一般常用）

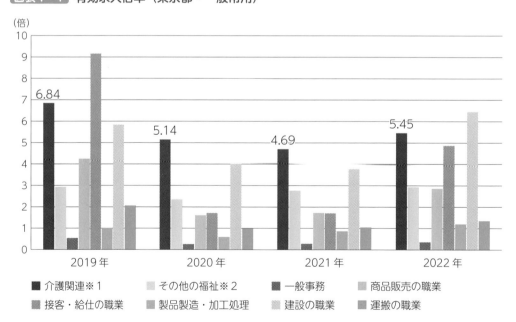

※1 「介護関連」…福祉施設ケアワーカー、ケアマネジャー、ホームヘルパーなど
※2 「その他の福祉」…保健師、助産師、看護師、理学・作業療法士など

出典：「職種別有効求人・求職状況」東京労働局・2019年度～を基に著者作成

●7.6人に1人が医療・福祉従事者

　総務省「労働力調査」によると、2023（令和5）年3月時点での「医療・福祉」の就業者は約886万人で、これは、就業者約6,699万人の13.2%にあたります。つまり、7.6人に1人が医療・福祉に従事していることになります（**図表1-5**）。産業別に見ると、製造業、卸売業・小売業に次ぐ多さであり、他の産業と比較しても少なくない数が従事していて、人材流入もある程度限界にきていると考えることができるでしょう。

　このように深刻化する介護人材不足の中、将来にわたって介護の質を維持・向上させるための切り札となり得るのがICTの活用です。ここからは、ICT普及の歴史と現状を見ていくことにします。

図表1-5 主な産業別就業者（2022年10月）

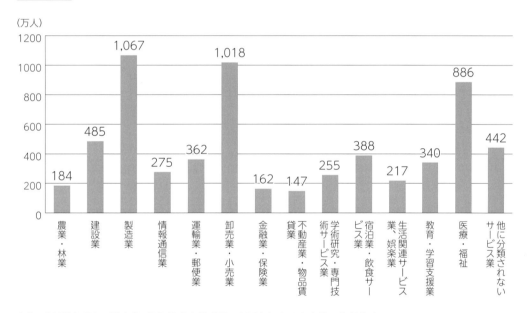

出典：「労働力調査（基本集計）」総務省統計局・2023年3月分を基に著者作成

⑵　かくして、ICTは不可欠な存在となった

●インターネットの普及

　介護保険制度の始動は、2000（平成12）年でした。その頃を思い出すと、今では老若男女が所持しているスマートフォンは、まだ産声を上げていませんでした。初代iPhoneがアメリカで発表されたのは、2007（平成19）年。日本での発売は、翌2008（平成20）年で、第2世代機であるiPhone3Gからでした。つまり、当時はまだまだ従来型携帯電話（ガラケー）の時代でした。それからわずか10数年で、スマートフォンは劇的な革新を遂げていきます。

　さらに少し時代をさかのぼります。介護保険制度が開始する5年前の1995（平成7）年にMicrosoft Windows95が発売されました。それを契機として、家庭にインターネットの普及が進みます（**図表1-6**）。Windowsパソコンに搭載されたInternet ExplorerなどのWebブラウザにより、従来までの文字情報だけではなく、画像データも見ることができるようになりました。

図表1-6 インターネットの利用者数および普及率の推移

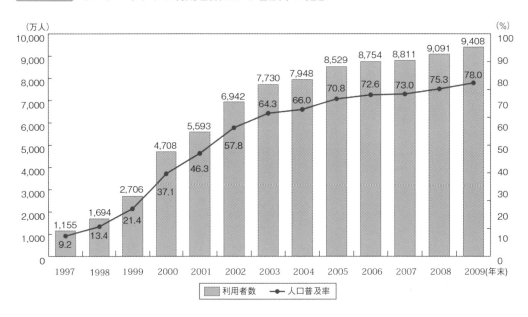

出典：「平成22年版 情報通信白書」総務省・2010年を一部改変

◉携帯電話の普及

　1996（平成8）年、料金認可制が廃止され、携帯電話が安価で入手できるようになりました。これ以降、携帯電話の契約が急激に増加します。そして2000（平成12）年には携帯電話・PHSが固定電話（加入電話・ISDN）の契約者数を上回りました。

　さらに1999（平成11）年には、NTTドコモが「ⅰモード」の提供を開始します。これにより、携帯電話での電子メールの送受信や、Webページの閲覧が容易にできるようになり、携帯電話等の普及に拍車がかかりました（**図表1-7**）。

図表1-7 通信サービス加入契約者数の推移

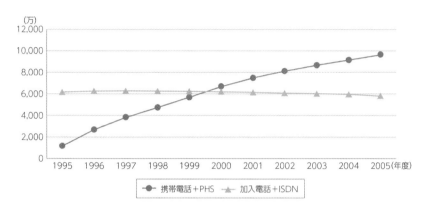

出典：「令和4年版 情報通信白書」総務省・2022年

●スマートフォンの普及

　2008（平成20）年のiPhone日本発売開始で、ガラケーから、スマートフォンへの乗り換えが急速に進みます（**図表1-8**）。ガラケーよりも大きな画面に加え、スマートフォンで利用できるアプリケーションが豊富に出回るようになり、動画、音楽、SNS、検索、マップ、ゲーム、ニュース、天気、災害情報、教育、教養、文化など、さまざまなコンテンツが携帯できる情報端末上で利用できるようになりました。並行して、スマートフォンよりも画面の大きいタブレットの利用も広がりました。

図表1-8 日本におけるスマートフォンの世帯保有率の推移

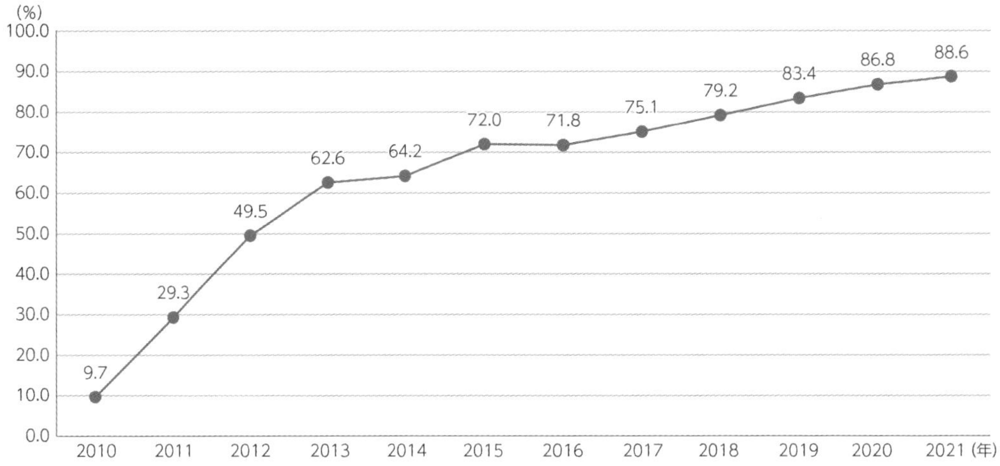

出典：「令和4年版 情報通信白書」総務省・2022年

●通信の高速・大容量化

　スマートフォンやタブレットの普及には、搭載されているCPUなどの技術革新が急速に繰り返された他、モバイルネットワークの高度化（ブロードバンド化）が拍車をかけました。ブロードバンドとは、高速・大容量のデータ通信を行えるコンピュータネットワークサービスを指します。

　そして移動通信の分野では、3Gから5Gへと進化していきました（**図表1-9**）。

図表1-9 移動通信システムの高速化

時期	移動通信システムの名称	特徴	内容
2000〜2015年頃	3G	世界標準の高速通信規格	1台の携帯電話・スマートフォンを世界中のどこでも使えるようにした国際標準に準拠する通信規格。高速通信時代の幕開けとなり、2Gでは最大64kbps（下り）の通信速度が、最大3.6Mbps（下り）まで大幅に高速化した。
2015〜2020年頃	4G	現在も使用されている高速通信規格	3Gからの過渡期に登場したLTEを経て最大受信速度が1Gbpsになり、動画・音楽・ゲームなどの大容量コンテンツが手軽に楽しめるようになった。
2020年〜	5G	光回線を超える超高速通信規格	4Gの10倍（最大10Gbps）の通信速度で登場、将来的には最大20Gbpsまでの超高速化をにらむ。光回線以上の移動通信が可能となり、IoT時代のICT基盤と期待されている。

　固定通信網の高速化も進んでいます。インターネットが普及し始めた1990年代の後半は、電話回線によるダイヤル接続でインターネットを利用していました。その後、ISDN回線、ADSL回線、FTTH回線が次々と普及（**図表1-10**）し、これにCATVインターネットも加わり、固定系ブロードバンドサービスの契約者数は大きく増えていきました（**図表1-11**）。

　このように急速に進化・普及したICTは、現代社会の生活や仕事のスタイルに大きな変化をもたらしています。その大きな変化の波は介護業界にも押し寄せています。

図表1-10 固定系ブロードバンドサービスの特徴

回線の名称	最盛期	特徴	内容
ISDN	2000 〜 2002 年頃	電話線を利用したデジタル回線	音声データをデジタル信号に変換して利用する。電話とインターネットの同時利用が可能。インターネット普及に大きく貢献した。
ADSL	2005 〜 2007 年頃	アナログ電話回線を利用	電話回線を使用するが、音声通話では使用しない高周波帯域を利用。電話とインターネットの同時利用が可能。通信速度は、ISDNより高速。
FTTH	現在	光ファイバーを利用	1Gbps以上の通信速度が出せる光回線とされる。ISDNやADSLと比較し、高速・大容量のデータ通信が可能。現代の固定通信回線の主流。

図表1-11 固定系ブロードバンドサービス等の契約者数推移

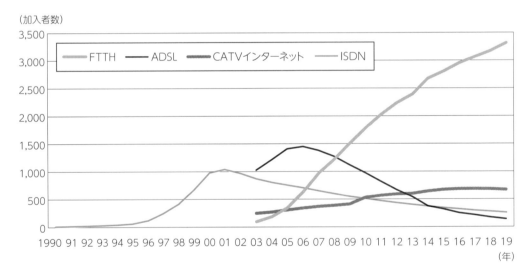

※縦軸の単位は（万契約）

出典：「令和3年版 通信情報白書」総務省・2021年を一部改変

⑶ 介護業界へのICTの普及

●介護現場のICT機器活用の実態

　介護保険制度がスタートした2000（平成12）年は、国保連（国民健康保険団体連合会）への介護報酬請求もフロッピーディスクで行っていました。それから20数年、今にして思えば、隔世の感があります。

　最近では、ケアプランや個別援助計画などへもICTの利用が見られるようになりました。多職種連携でもICTが活躍しています。ビジネスチャットツールやメールでのコミュニケーションは日常的な風景になりました。さらに、職種ごとの支援経過はもとより、利用者データの他、利用者の状態を画像や動画でやりとりするICT活用も行われています。

　医療の観点では、オンライン診療への取組みが増加しています。また、利用者のバイタルデータや食事量、排泄量の日々の記録も、ICTを活用し、介護施設等から医療機関に提供する試みもあります。

　また、日本では2020（令和2）年に端を発するコロナ禍で会議の形が大きく変わり、Web会議の活用に拍車がかかりました。Web会議は、事業所内の会議の他、事業所をまたいだ多職種連携、サービス担当者会議、事例検討、研修会、スーパービジョンなどに広く利用されるようになりました。さらに、介護施設の面会場面でもWeb会議ツールは大活躍しました。

　その他にも、勤務シフト管理、出退勤管理、給与計算などのバックヤード業務にも、幅広くICTの活用の幅は広がっています。

　ところが、介護業界におけるICTの普及率には、まだまだ順風満帆とはいかない部分があります。

●介護業界のICTの利用は発展途上

　介護現場でのICTの利用はどれだけ進んでいるのでしょうか。もし、進んでいないとすれば、何がネックになっているのでしょうか。2つの調査データから読み解いていきます。

　まずは介護労働者法(介護労働者の雇用管理の改善等に関する法律)の指定法人である公益財団法人介護労働安定センターが毎年行っている「介護労働実態調査」から、2021（令和3）年度における「ICT機器の活用状況」を見ていきます（**図表1-12**）。

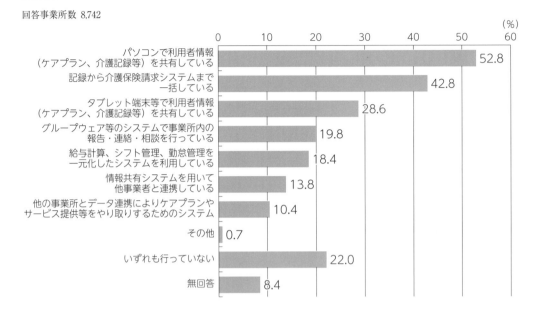

図表1-12 ICT機器の活用状況（複数回答）

回答事業所数 8,742

- パソコンで利用者情報（ケアプラン、介護記録等）を共有している：52.8
- 記録から介護保険請求システムまで一括している：42.8
- タブレット端末等で利用者情報（ケアプラン、介護記録等）を共有している：28.6
- グループウェア等のシステムで事業所内の報告・連絡・相談を行っている：19.8
- 給与計算、シフト管理、勤怠管理を一元化したシステムを利用している：18.4
- 情報共有システムを用いて他事業者と連携している：13.8
- 他の事業所とデータ連携によりケアプランやサービス提供等をやり取りするためのシステム：10.4
- その他：0.7
- いずれも行っていない：22.0
- 無回答：8.4

出典：「令和3年度 介護労働実態調査」介護労働安定センター・2022年を基に著者作成

　回答した8,742介護保険サービス事業所のうち、ICTを活用していない事業所は、22.0％でした。ただし、活用の内容にはバラツキがあり、「パソコンで利用者情報を共有している」は半数を超えているものの、「タブレット端末等で利用者情報を共有している」は3割弱、「他事業者との情報共有」「他事業所とのデータ連携」に関しては、いずれも1割強という状況でした。つまり、介護業界におけるICT化は、まだまだ発展途上と考えることができるでしょう。

● 導入・利用をためらう理由

　介護業界におけるICT化を阻む要因は何なのでしょうか。

　同実態調査で、「ICT機器の導入や利用についての課題・問題」を質問すると、「導入コストが高い」「技術的に使いこなせるか心配である」に比較的多くの回答があったようです（**図表1-13**）。

　注目に値するのは、「課題・問題は特にない」と回答した事業所が9.7％だった点でしょう。この図表には掲載していませんが、同調査にはサービス種別の分類もあり、入所施設の回答を見ると、「課題・問題は特にない」としたのは、わずか4.0％に過ぎないという結果が出ています。

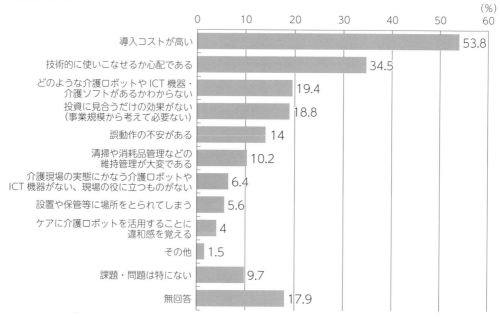

図表1-13 機器の導入や利用についての課題・問題（複数回答）

回答事業所数 8,742

- 導入コストが高い 53.8
- 技術的に使いこなせるか心配である 34.5
- どのような介護ロボットやICT機器・介護ソフトがあるかわからない 19.4
- 投資に見合うだけの効果がない（事業規模から考えて必要ない） 18.8
- 誤動作の不安がある 14
- 清掃や消耗品管理などの維持管理が大変である 10.2
- 介護現場の実態にかなう介護ロボットやICT機器がない、現場の役に立つものがない 6.4
- 設置や保管等に場所をとられてしまう 5.6
- ケアに介護ロボットを活用することに違和感を覚える 4
- その他 1.5
- 課題・問題は特にない 9.7
- 無回答 17.9

出典：「令和3年度 介護労働実態調査」介護労働安定センター・2022年を基に著者作成

　つまり、多くの介護事業所、特に入所施設の多くは、ICTの導入に何らかの課題や問題を抱えていることが明らかになっています。

　実は、事業所や施設が感じている「課題・問題」には、情報不足・誤解・先入観によるものも多く、本書の主たる狙いは、このような情報不足・誤解・先入観を軽減し、これからの時代に必須であるICTの導入から運用までの方法を丁寧に紹介していこうというものです。

　参考までに、やや古い調査になりますが、中小企業に「IT投資を行わない理由」を質問したところ、「ITを導入できる人材がいない」が最も多く、「導入効果がわからない、評価できない」「コストが負担できない」が続いています（図表1-14）。

　中小企業とは、中小企業基本法により規定されている従業員数で見ると、製造・建設・運輸業などでは300人以下、卸売・サービス業では100人以下、小売業では50人以下の企業を指します（他に資本金の規定もあります）。介護事業者は、これより小規模の所も多く、介護事業者がコスト面で導入をためらう比率が高いのもうなずける調査となっています。いずれにせよ、コスト面の不安や使いこなすための人材等の資源不足感は、介護業界においても共通する課題だといえるでしょう。

IT投資未実施企業のIT投資を行わない理由（複数回答）

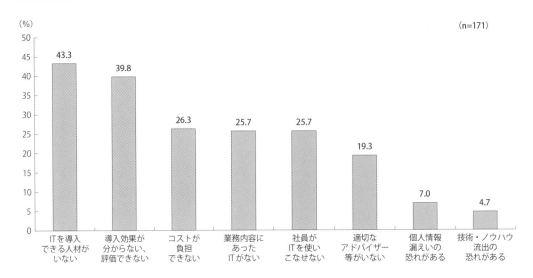

出典：「中小企業白書2016年版」中小企業庁・2016年

⑷ 利用者・家族のICT利用

●高齢者もインターネット利用が日常に

　ここで、視点を変え、利用者・家族によるICTの利用状況を見ていきましょう。利用者・家族のICT利用を象徴するのは、インターネットの利用状況でしょう。世代別のインターネット利用状況を、2010（平成22）年末と2021（令和3）年末で比較してみましょう（**図表1-15**）。

　2021（令和3）年になると、60代のインターネット利用率は、85％に迫り、70代の利用率も約60％となっています。つまり、今や70代までなら、インターネットの利用は当たり前となっているのです。

図表1-15 年齢階層別インターネット利用状況

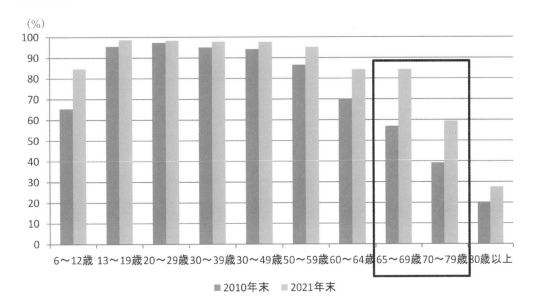

出典：「通信利用動向調査」総務省（2010年調査・2021年調査）を基に著者作成

◉**団塊の世代とICTの親和性**

さらに団塊の世代に焦点をあてて、先ほどの年齢階層別インターネット利用状況（**図表1-15**）を見てみましょう。

1947（昭和22）〜1949（昭和24）年生まれの団塊の世代は、2010（平成22）年には60代前半で、同年齢階層では7割の利用率がありました。そして、全員が70代となった11年後の2021（令和3）年、おそらくは、団塊の世代が70代の利用率を6割近くに押し上げていることが考えられます。

団塊の世代は、日本経済の高度成長期をけん引してきた人たちです。そして、コンピュータテクノロジーが彼らの仕事のスタイルを変えてきました。

彼らはマイコンと呼ばれた小型コンピュータを経て、30代の半ばでPC-9800シリーズに出会います。まさに、働き盛りの頃に、パソコン時代の幕開けに立ち会うのです。40歳の頃にはノートパソコンの98NOTEが発売されました。そして、世界規格のOSであるMicrosoft社のWindows95の登場は、40代後半。同OSの標準装備されていたInternet Explorer（インターネット エクスプローラー）をはじめとするWebブラウザも急速に普及していきます。

また、インターネットの普及に歩調を合わせるように、GAFA（Google、Apple、

Facebook、Amazon）も次々に産声を上げます。ちなみに、わが国の代表的な検索サイトであるYahoo! JAPANが登場したのは、団塊の世代が50歳を目前とした頃です。

団塊の世代は、まさにインターネットと親和性を高めながら、職業人を終了した世代といえるでしょう。

◉高齢世代にデジタル・ディバイドはあるものの

デジタル・ディバイドとは、インターネットやパソコンなどを使える人と使えない人との間に生じる格差のことで、「情報格差」と訳されます。内閣府が2020（令和2）年に行った「情報通信の利活用に関する世論調査」によると、60代以降に、デジタル・ディバイドが拡大することがわかります（**図表1-16**）。

60代では25.7%、70代以上では57.8%の人がスマートフォンなどを利用できていない（「ほとんど利用していない」を含む）ことがわかる一方で、60代では73.4%、70代以上では40.8%の人が利用している（「ときどき利用している」を含む）という状況が読み取れます。

若い世代に比べ、利用率は減るものの、60代で7割以上、70代以上で4割以上の人がスマートフォンやタブレットを利用しているという現状があり、将来的にはさらに利用率が上昇するだろうと予測されています。また、利用者側の介護施設の選定理由にも「ネット環境が整備されている」ことが条件となる時代が訪れています。今までに見てきたように介護業務へのICTの導入・利用にためらいを見せていては、利用者や家族から、「時代遅れ」とレッテルを貼られることも十分に考えられるでしょう。

図表1-16 年齢階層別スマートフォン・タブレットの利用状況

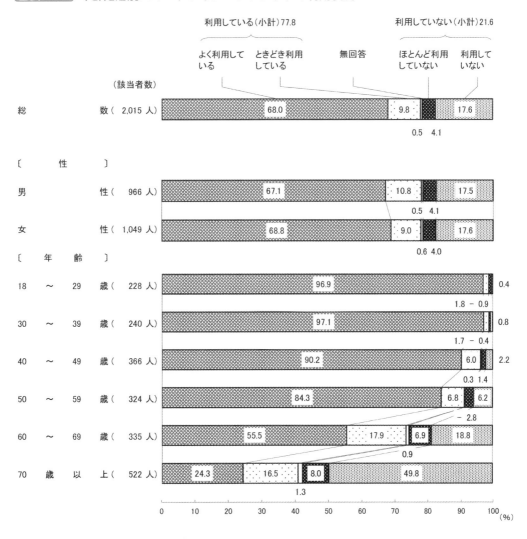

出典：「情報通信機器の利活用に関する世論調査」内閣府・2020年

3 「生産性向上」なしには、未来の利用者は守れない

(1) ICT活用と生産性の関係

◉生産性向上における2つの方法

まずは、「生産性向上」に関する一般論から見ていきます。

生産性とは、労働力・設備・原材料などの「生産要素」が、いかに有効活用されているかを測る度合いで、「生産性の向上」とは、より少ない「人員、コスト」で、より多くの「付加価値を創出」することです。

多くは「労働生産性」のことを指し、「生産性（労働生産性）の向上」には、以下の2つの方法があります。

〈生産性向上の方法〉

❶同じ労働時間（労働者数）で、いかに多くの付加価値（利益など）を生み出すか

➡「増産」が代表例。よりたくさん作る、より大量にサービスを提供する。

❷少ない労働時間（労働者数）で、いかに同じ付加価値を維持するか

➡「省力化」が代表例。手間を減らす、労働時間を減らす。

◉ICT活用で生産性は向上する

中小企業庁の「中小企業白書2021年版」に興味深い調査データが載っていたので紹介します。同調査は、デジタル化（ICT化と同義）における事業継続力強化への意識と労働生産性の関係を示したもので、簡単にいえば、「デジタル化に積極的な企業ほど、労働生産性が高い」という結果が出ています（**図表1-17**）。

具体的には、デジタル化に取り組んでいない企業の労働生産性の平均値が、499万4,000千円／人であるのに対し、事業継続力の強化を意識してデジタル化に取り組んでいる企業の労働生産性の平均値は、669万2,000千円／人と、比較するとかなり高くなっています。

※労働生産性＝（営業利益＋給与総額＋減価償却費＋福利厚生費＋動産・不動産賃貸料＋租税公課）÷従業員合計

図表1-17 労働生産性の水準（デジタル化における事業継続力強化に対する意識別）

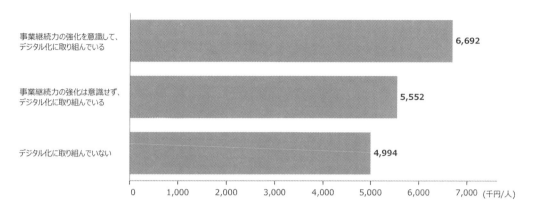

出典：「中小企業白書 2021年版」中小企業庁・2021年

⑵ 介護における生産性向上の考え方

● 「生産性向上」をめぐる介護現場からの声

ただし、上述のように一般論で生産性を語ると、介護業界では必ずといっていいほど次のような反論が殺到します。

> 増産!? 介護サービスはモノじゃあるまいし、介護の質が下がるよ

> 省力化!? これ以上人手を減らして、業務負担を増やすのか

> 介護は、金儲けが目的じゃない

どの反論もうなずけるものだと思います。介護の目的は利用者の福利（幸福と利益）の実現です。しかし、ここで断言できるのは**介護における生産性の向上は、単に人手を減らすとか、一人で多くのサービスを提供できるようになるといったものではない**ということです。そして**未来に向けて利用者の福利を守るために欠かせない営み**なのです。

理由は既に紹介したとおり、生産年齢人口が10年ごとに１割ずつ減っていく時代となり、介護職員は確実に不足するからです。今10人で行っているケアを**「ケアの質を維持」**しながら10年後には９人、20年後には８人で実践しなければならなくなるのです。

そのためには、介護の生産性の向上が不可欠であり、その切り札となるのが、介護現場でのICTの活用に他なりません。

●介護現場でのICT活用で、なぜ生産性が向上するのか

　介護施設での介護スタッフの業務構成を考えてみます。さまざまな分け方ができると思いますが、ここでは、「直接介助」と「間接的業務」に大きく分けてみます。

　ICTの導入・活用により実現する生産性の向上は、**間接的業務の効率化を図って時間を短縮すること**です。そして、**短縮できた時間の分だけ、直接ケアの時間を増やすこと**を目指します（**図表1-18**）。

　たとえば、ICTを活用すれば書類ごとに転記していた記録を簡素化できます。またICTによる利用者情報の共有により、申し送りやカンファレンスの効率化が図れます。さらにアセスメント〜ケアプラン〜個別援助計画のプロセスの質を担保しながら、作成時間の軽減が図れます。夜間の巡回・見守りについては、見守り支援機器の導入により巡回の頻度を減らすことができ、無駄な訪室をしなくても済むといった効率化が実現します。その他にもICT導入のメリットは多岐にわたります。本書では、上述したような業務の仕方をしている介護施設に導入することでメリットをもたらすICTの活用方法を詳しく紹介していきます。

図表1-18 介護現場でのICT活用が目指すもの

主な「直接介助」	主な「間接的業務」
●3大介助（食事・入浴・排泄） ●その他の介助 　（移動・整容・更衣・口腔ケアなど） ●自立支援のための見守り ●バイタルチェック ●ケアの前後に行う観察 ●リハビリ ●レクリエーション ●利用者とのコミュニケーション	●アセスメント ●ケア計画 　（ケアプラン・個人援助計画など）作成 ●ケア計画の利用者への説明と同意 ●家族からの情報収集や説明 ●申し送り ●各種の記録 ●多職種との情報共有 ●各種のカンファレンス・朝礼など

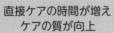

直接ケアの時間が増え
ケアの質が向上

ICTにより時間短縮

　間接的業務の多くは、ケアの質を維持・向上するために必要なものではあります。しかし、その間接的業務に多くの時間を割かなければいけないのが現状です。これは、介護保険制度開始時に比べて細かな加算が増え、提出する書類の量が著しく増加していることや、近年では、後述する2021（令和3）年度から始まった科学的介護も加わった

ことによる、事務量の膨大化も大きな要因です。

　間接的業務に奪われる時間をICT活用で短縮し、利用者のためのケアにあてる。それが、介護現場における生産性向上の真の目的です。

4 「科学的介護」でなぜ ケアの質が向上するのか

(1) 科学的介護で、「介護の専門性」が開花する

　科学的介護および同情報システム（LIFE）については、第6章で詳しく説明します。ここでは、厚生労働省が推進している科学的介護等の定義と介護現場にもたらすメリットを見ていきます。

● 「科学的介護」の輪郭

　厚生労働省は、「科学的介護」を「科学的裏付け（エビデンス）に基づく介護」と定義しています。

　全国の介護現場で行われている科学的介護実践を、収集・蓄積・分析し、分析の成果を介護現場にフィードバックし、さらなる科学的介護を推進していこうとするものです。

● 「科学的介護情報システム（LIFE）」の輪郭

　LIFEの取組みは、利用者の状態や、介護事業所で行っているケアの計画や実践内容などを一定の様式で入力することから始まります。

　入力したデータは、インターネットを通じて厚生労働省へ送信され、蓄積することで「ビッグデータ」（人間では全体を把握することが困難な巨大なデータ群）となります。

　このビッグデータを分析し、入力・送信を行った介護事業所にフィードバックする情報システムがLIFEです。

　介護事業所は、受け取ったフィードバック情報を活用しながら、PLAN（計画）、DO（実行）、CHECK（評価）、ACTION（改善）の「PDCAサイクル」を回しながら、科学的介護の質を向上させることができるというものです。

●介護現場目線で科学的介護を考える

　科学的介護（LIFEを含む）は、介護現場に大きなメリットをもたらすことが期待できます。

それを解説する前に、「科学的介護は、それぞれの介護現場が今まで積み上げてきたノウハウを消し去るものではない」ということをご承知おきいただきたいと思います。

今までも介護現場では、一人ひとりの利用者に向き合いながら、さまざまな工夫を重ねてきました。認知症のある人のケア、麻痺が残っている人のケア、歩けない人のケア、言葉を失った人のケア、心臓疾患のある人のケア、呼吸器に問題を抱える人のケア、摂食・嚥下が難しい人のケア、うつ状態に苦しむ人のケアなど、数えればきりがありません。その中で、たとえば、認知症があっても尊厳のある暮らしをしたり、食べられない人が再び食べられるようになったりなど、さまざまなノウハウを獲得し、一人ひとりの利用者に合わせたケアを実践してきました。

ケアスキルの極めて高い「スーパー専門職」「スーパーケアチーム」「スーパー施設」も生まれています。

科学的介護とは、上述した全国に点在するスーパー専門職等のノウハウを含むデータを全国レベルで共有していこうとする取組みなのです。

●介護業界だからできるノウハウの共有

介護業界は、他の業界では類を見ない「ノウハウ・オープン型」の歴史を積み上げてきました。

ケアのノウハウは競争社会でいえば、門外不出の「企業ノウハウ」にあたります。ところが介護業界では、地域の研修会、学会の研究発表、業界誌などで、自分たちが築き上げてきたケアのノウハウを惜しげもなくオープンにしてきました。なぜなら、介護業界が目指すのは「利用者の福利」であるからです。すべての利用者が幸せで健康的な生活が送れるように、ノウハウをオープンにしながら磨きをかけてきたのが介護業界なのです。

科学的介護で見知らぬ地のスーパー専門職等のノウハウと自分たちの施設が積み上げてきたノウハウが合わさるとき、相乗効果で介護の質が飛躍的に向上するでしょう。

(2) 科学的介護がもたらす、もう一つの宝物

●介護の言語化・見える化

ノウハウを共有する文化は介護業界の特筆すべき特徴ですが、介護職員たちにもやや不得意とする分野があります。それは自分たちが日々実践しているケアの言語化、すな

わち「介護の言語化」です。

　スキルに優れ、素晴らしい介護を実践している介護職員の中には「記録が苦手」という人も少なくありません。記録とは、言語化に他なりません。さらにいえば「介護の見える化」です。言語化や見える化ができなければ、どんなに卓越した介護実践も後継者や他施設に展開できず、宝の持ち腐れとなってしまいます。

◉自施設のケアを変える可能性

　科学的介護は、日々の実践を一定の様式で入力することで成り立ちます。介護スタッフが、自分たちの介護実践を入力するという行為は、まさに介護の言語化・見える化です。これはデータを全国的に共有する以前に、自施設のケアに大きな財産を残します。

　介護の言語化・見える化は、「考えて、実践し、振り返る」という介護実践の積み重ねを伴います。なぜなら、考えて実践するから言語化でき、実践を振り返るからデータ入力ができるのです。つまり、ケアのスタイルやあり方を変える可能性を秘めています。

　科学的介護により、ビッグデータから他者のノウハウを享受する恩恵の前に、実は、自分たちのケアが変わっていくはずです。

　このように、介護におけるICTの導入・活用が実現する「生産性向上」と「科学的介護」の両輪で、介護業界を取り巻く厳しい時代を乗り切ることができるのです。

第 2 章

導入にあたり
準備すべきこと

　介護施設において、なぜICT活用が必要かは第1章で理
解を深めることができたと思います。

　本章では、具体的にICT化を進めるにあたり必要な取組
みについて解説を行います。

1 体制・組織づくり

　いうまでもなく介護の現場体制のほとんどは専門職で構成されています。当然皆さんは介護の専門家であり、ごく一部の職員を除き業務効率化のために従事してはいないと思います。そのため、業務効率化を主とした担当者や委員会等がないという施設がほとんどです。

　また、業務効率化は一足飛びに図れるものではなく、時間をかけて継続して改善を試みることが肝要であり、そのためには長期目線で体制を整える必要があります。

　現時点で業務効率化を主とした委員会がなければ業務改善委員会の組成から始めましょう。ただ、既に会議体が多く、会議自体が現場負担となっている施設も少なくありません。これに当てはまる施設は、リーダー会議等の既存の会議体に業務改善をテーマに加える形で進めることをおすすめします。

> [TIPs]
>
> 　本書では、本文中に出てくる重要ワードの解説や、分析方法、注意点、役立つヒントをTIPsとして記載しています。ぜひ注目して見てください。

TIPs 1　業務改善委員ってどんな人を選べば良いの？［委員の適任者とは］

1．その施設の業務に詳しい職員が最適です。施設の現場は多くの人で運営されているため、意外と他部署、他フロア、他の職種といった直接関わらない業務については詳細まで見えづらい側面があります。業務改善委員はICT化よりも上位の概念であり、どうしたら業務がより効率化できるかを考える組織であることから、業務を熟知しているメンバーを最優先で抜てきしましょう。

2．一方で自施設のみならず他施設の業務を知っている職員も候補となります。転職組で他法人での職務経験がある人の観点も、ときに重要になるので、登用を検討しましょう。

3．多様な意見を取りまとめるという観点では、特定職種や特定年齢層に偏らないことも重要になるので、多職種、多年齢層で構成することができるとより良い議論

が展開できるので、その観点も取り入れましょう。

4．委員会メンバーがICTに関する知識を持っているに越したことはありませんが、上記3つの観点がより重要となります。ICT活用については既に取引のあるICTベンダー等を活用することで補完することが可能です。以下のように役割分担を行いましょう（**図表2-1**）。

図表2-1 役割分担図

業務改善委員会	・業務分析 ・問題・課題の発見 ・予算化とスケジュール案立案 ・ICTベンダーからの提案の検討
ICTベンダー	・委員会で抽出された課題に対してのソリューション提案 ・機器・サービスの手配 ・使いこなしのためのアフターフォロー

また、委員会組成後は施設の全職員に対し、キックオフ宣言を発しましょう。キックオフ宣言時には、体制組成の理由（第1章で示した社会や地域の状況等を共有したうえで取組みを始める意義）を示すことが大切です。

後述する改善の活動はときに会議時間を増やしてしまうことや、多忙の中でも現場職員の協力を仰がなければいけないこともあります。そのときのために

❶法人がなぜ業務改善の取組みを重視するのか

❷その取組みはなぜ現場を巻き込みながら進めるのか

の理由をしっかりと全職員に伝えましょう。検討を進めるのは委員会ですが、取組みそのものは全職員で行うという考えを忘れずに以降の手順を進めてください。

2 現状分析からはじめる 問題・課題・解決策

業務改善委員会が組成されたら、まずは現状分析［観察］から始めます。**図表2-2**は著者が所属する株式会社ビーブリッドが提唱するICT活用のサークルです。本書ではこのサークルに沿ってICTの導入から運用を徹底的に解説します。

図表2-2 ICT活用サークル

(1) 現状分析のポイント

　介護施設の業務は利用者の暮らしを守る側面からも、良い意味で昨日も今日も明日も安定して変わらない施設運営が求められています。そのため、日々のオペレーションを当然のように継続し、それを数年間続けていることが一般的です。さらに介護保険制度が始まる前から運営を続けている法人や、制度後においても運営開始から10年、20年と運営している法人では、これまでの経験で培われた秘伝のノウハウが脈々と続いている法人もあると思います。

　しかし10年、20年という期間で、介護施設の利用者を取り巻く環境や職員の働き方、そして介護保険制度そのものが大きく変貌を遂げています。

　今一度、自施設の仕事の方法に目を向け、現時点で取り組んでいる業務は果たして今のまま継続すべきなのか、あるいは最適な状態といえるのか、そのような目線で各セクションの業務を観察してみましょう。

　たとえば介護施設の現場では多くの情報が飛び交っており、またその情報を多くの帳

票やExcelなどの電子データとして取り扱い、保存していますが、本当にその情報は今の施設運営に必要な情報でしょうか。

また、これまで当たり前のように行っている業務の中に運営直後から方法自体を変えず、人力のみで実施している業務はないでしょうか。

もしそのような業務を15年以上継続しているならば、本当にその業務は現在も最適な状態で行われているか疑問を持ちましょう。なぜならそれは世の中にiPhoneが登場する以前の時代から変わっていない方法であり、現在の市場に存在するテクノロジーの活用で最適化が図られる可能性が高いからです（図表2-3）。

上述のように、現状分析では、これまで脈々と当たり前に続けている業務も含め、ゼロベースで現業務を観察することが大切です。

図表2-3 この15年で変わったICT環境

	従来	現在
使用機器	デスクトップパソコン	ノートパソコン、スマートフォン、タブレット
ナースコール	有線、プッシュボタン、PHS	従来形式＋画像、スマートフォン
見守り	足踏みマットセンサー	IoT（映像や音波等）
通信環境	有線LAN（施設の一部）	無線（Wi-Fi）環境
請求業務	FAX	インターネット
ICT利用者	特定職員のみ	ほぼすべての職員
施設内通信手段	PHS、大声	インカム
外部通信手段	FAX	メール、ビジネスチャット

Column 進化するIT環境〜年賀状の例〜

たとえば年賀状作成について過去を振り返ると、著者が生まれて間もなく「プリントゴッコ」という製品が世の中に誕生しました。プリントゴッコが登場するまでは、年賀状は手書き、またはスタンプ、版画等で作成されていましたが、この製品の登場によって年賀状の作成方法が一変しました。当時の値段は9,800円だったそうです。

その後パソコン（Windows95）が登場すると、家庭での年賀状印刷は年賀状作成ソフトを使ったプリンタ出力が当たり前の時代となりました。当時の年賀状ソフトは概ね1万円弱で販売されていました。

令和に入った現在はというと、日本郵便株式会社のホームページにて無料でデザ

インが可能となりました。

　この例のように私たちの環境は技術革新によって10年単位で一変しています。介護の現場も保険制度が始まり20年が過ぎました。今一度、現在のオペレーションが前時代的なものになっていないか見直しをしてみてはいかがでしょう。

(2)　現場のレベルでの現状把握［ムリ・ムダ・ムラの把握］

　さて、観察の重要度を理解したところで、次に具体的な手法を解説します。

　まず、最も重要なポイントは現場目線です。業務改善委員に選出した職員は現場を熟知しているとはいえ、実際にすべての職員が現在就いている業務にどのような課題感を抱いているかは何となくとしか把握できていないでしょう。

　ここでは、現場職員の課題感の抽出にあたって著者が古くから活用している「3Mシート」（**図表2- 4**）について紹介します。

　なお、厚生労働省が提供している「介護サービス事業における生産性向上に資するガイドライン」（https://www.mhlw.go.jp/stf/kaigo-seisansei.html）では「気づきシート」を活用した現状把握をすすめておりますが、本書ではより「ムリ・ムダ・ムラ」に着目をした「3Mシート」にて課題抽出をしていきます。どちらのシートも目的は一緒なので、業務改善委員会にてどちらのツールを使用するか、事業所の特性に合わせて選んでください。

　著者が実際に業務で3Mシートを活用したところ、現場職員から下記の回答を得ることができました。

図表2- 4　3Mシート

3M（ムリ・ムダ・ムラ）確認シート

職種：
役職：
名前：

質問は5つあります。
回答は複数書いても良いですし、未回答でもかまいません。
率直な意見を聞かせてください。

1．普段の仕事の中で自分が大変だと感じている業務は何ですか？

2．普段の仕事の中で自分が無駄だと感じている業務は何ですか？

3．普段の仕事の中で他のスタッフと遂行方法が違う業務は何ですか？

4．他のスタッフが大変そうに見える業務は何ですか？

5．他のスタッフが行っている業務で、無駄だと感じている業務は何ですか？

○質問１・２・４・５の回答で下記のような業務でムリ・ムダを感じていることがわかりました。

> 申し送り事項等の施設内情報共有、ＦＡＸや電話等による外部との調整業務、記録作業と記録のダブルチェック、研修の実施（教える側として）、対応中のコール対応（特に夜勤勤務時）、各帳票類への転記作業、ヒヤリハットの詳細記録、自費分の請求書の作成と確認作業、シフト作成業務とスタッフの急な休みなどによるシフト変更調整

○質問３の回答で下記のムラを感じていることがわかりました。

> 利用者への介助そのもの、（記録の入力ルールが定まっていないことによる）記録業務全般

　このように3Mシートを活用して現場職員が感じている業務の「ムリ・ムダ・ムラ」を抽出することで、現場レベルでの現状把握を進めて業務の見直しにいかしましょう。

　なお、3Mシートは全職員から回答を得る方法と、リーダー職以上などの限定した職員から回答を得る方法がありますが、要点はヒヤリング結果が施設全体の課題感を抽出できるかどうかにありますので、施設の特性に合わせて対応しましょう。

　回答を収集できたら集計を行うだけではなく、似たような回答はグループ化して取りまとめ、以下**図表2- 5**のように可視化しておくと、以降のプロセスで有効に活用ができます。

図表2- 5　3Mシートの回答の取りまとめ

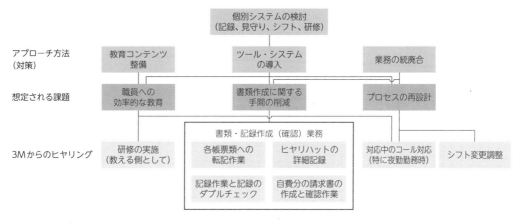

※こちらの図表は3Mシートから得た回答の取りまとめと、課題抽出・解決策の立案まで行った場合のサンプルです。

●問題の把握とその深堀り

現状把握を進めると同時に業務改善委員会では施設の理想像を定義し、現状とのギャップを見える化することで、問題を把握しましょう。

問題が放置されている状況が続いていれば、働く職員やそこで暮らす利用者にとっては一向に理想の状態にならないため、まずは施設の運営上の問題をしっかりと把握しましょう。また、これらの問題は利用者やその家族にとっての問題もあれば、職員や取引先などの関係者にとっての問題もあるので、委員会では幅広く議論を行い、多くの問題を見つけることが重要です。

TIPs 2　問題の定義

問題とは理想と現実のギャップまたはその現実を生み出している事象を指します。たとえば「職員がイキイキと利用者に接し、利用者もそれに満足している状態」を理想と定義したが、現実は「職員が事務等の周辺業務等に時間を取られていて、利用者と満足に会話する時間も捻出できず、利用者とのコミュニケーションに支障をきたしている状態」となっている場合、問題は「利用者と接する時間がない」とか、あるいはその背景に存在する「事務作業の増大」などがあげられます。

逆説的には、現実に問題が存在するため、理想が阻まれているという関係になります。

TIPs 3　投資対効果を図るために

後述する課題の重み付けやICT化による投資対効果を計測する前に、問題を放置した場合、施設にとって具体的にどの程度の経済的損失が発生するか検証を行いましょう。

具体的には、離職率の悪化に伴う採用コストの増大や、事務作業の増大による職員の残業時間増加、職員の多忙による利用者へのサービスの質低下を理由とした入居率の低下など、机上でかまいませんので、問題放置コストを算出しましょう。

---

❷原因の特定

一通り問題の把握ができたら、次はなぜそれが起こっているのかなぜなぜ分析（**TIPs 4**）等で要因分析を行い、表面上の問題がなぜ発生しているのか、「真の原因」を把握しましょ

う。真の原因の究明には業務の深い知識が必要です。第2章のはじめの**TIPs 1**で解説した業務改善の検討においてベテラン職員の力が必要な理由はここにあります。

なお、真の原因とは解決できるものでなければならず、解決に至らない問題は真の原因ではないため、ここでは解決が可能な問題の原因追究を図ってください。

TIPs 4 原因の根本を見つけ出す手法 なぜなぜ分析

なぜなぜ分析とは「なぜ」を繰り返し行い、問題を掘り下げ、問題の本質を追及するための手法です。トヨタ自動車が生み出した手法ということもあり、製造業で広く使われる問題解決のフレームワークでしたが、現在では多くの産業で問題の分析を行う際に活用されています。次のように問題を掘り下げましょう。

①利用者家族からしばしばケアに関するクレームが入っている

　それはなぜ？↓

②特定利用者と職員の関係が深まらないから

　それはなぜ？↓

③離職率が高く職員が定着していないから

　それはなぜ？↓

④職員が人員不足を補うために労働時間が増大し、退職につながっている

なぜなぜ分析のプロセスは上述の限りではありませんが、①が生じている真の原因は「夜勤に入れる職員が少なく特定職員に負担がかかっている」、「職員の介護技術のバラツキによってサービスの質に差がある」、「職員の評価と待遇に不適正がある」と考察ができ、表面上の問題の裏には本質的な問題が潜んでいることがわかります。

また、原因追及をする際には以下の点に注意して考察しましょう。

正しい原因追及とそうではない原因追及の例

追及した原因に対して解決策を導くことが難しい場合、それは原因とは言えません。対策を講じることができる原因を突き止めましょう。

・正しい原因追及

　夜勤に入れる職員が少なく特定職員に負担がかかっているから

　⇒［○対策可能］　例：夜勤専従職員の獲得や夜勤のみ派遣職員の活用を図る等

・そうではない原因追及

　離職率が高いから

⇒［×対策が導き出されない］　理由：課題が抽象的で具体的な対策を講じること
　　ができない

❸課題の設定

　次は問題解決に向けた課題設定を行います。課題とは問題を解決するために必要な具
体的アクションです。一つの問題を解決するために、クリアすべき課題が一つで済む場
合と複数の課題をクリアしなければならない場合があります。

図表2-6　問題と課題の図

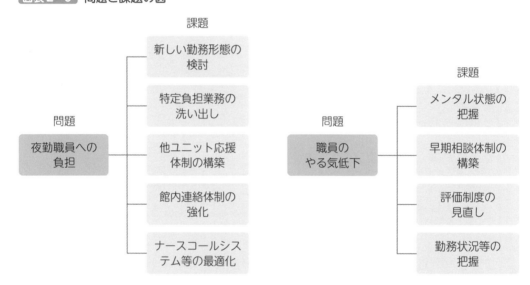

　課題の検討時に重要なことは、問題に紐づく課題がすべて解決されたとき、本当にそ
の問題が解決されるのかという視点です。課題が解決されたとしても、その問題が解決
されるか不安な場合は課題の抽出が不十分なため、徹底的に委員会メンバーで議論を行
いましょう。

　ここで見つけることができた課題に対して、解決策を検討していきます。

❹課題に対する解決策の検討

　課題の抽出まで完了したら、後はその課題解決策を導くだけです。このフェーズで重
要なポイントは、課題の大半は業務ルールの変更等で十分に解決が可能であるというこ
とです。

　本書はDX・ICT活用について解説する書籍ですが、ICTを用いず解決できる課題も

数多くありますので、本フェーズでは方法論にこだわらず、解決策について柔軟に議論を行いましょう。

また、解決策の実施にはお金や労力が必要になります。特にICTによる解決を図る場合、導入をする機器やサービスの大体の価格感も本フェーズで明らかにしましょう。導入にかかる費用は、直接的コストだけでなく間接的コスト（**図表2-7**）もかかります。その見積りも本フェーズで行ってください。

図表2-7 直接的コストと間接的コストの例

直接的コストの例	間接的コストの例
・機器・ソフトウェア等の購入コスト	・職員へのトレーニングにかかる人件費
・サーバ、パソコン、スマートフォン等の購入コスト	・社内用マニュアル作成にかかる人件費
・メーカーへ支払う設定費	・初期設定等が自社で必要な場合の人件費
・ネットワーク等工事費	・特定職員へのフォローアップ等にかかる人件費

❺ 課題（解決策）の重み付け

これまでのフェーズで、理想と現状、それを阻む問題と解決すべき課題、そしてその解決策までしっかりと導き出されたと思います。

本フェーズでは、それらを実行に移すか否かの優先度を図るため、抽出された課題と対応策について重み付けをして行きます。重み付けは以下**図表2-8**に示した5つの項目に対して、各3段階から5段階で評価を行いましょう。

図表2-8 重み付けの評価項目

・**重要度** 利用者満足や職員満足に直結する。対策を打たない場合、経営上のリスクを負う等の評価
・**緊急度** 制度上の問題や経営上、人事上の問題など期限を有するもの
・**難易度** 対策の実施が法人が有する人的リソース等の能力上、容易か否か
・**コスト** 対策実施にかかる直接的費用および労力等の間接的費用
・**即時性** 効果を発揮するまでの期間を有するか否か

すべての対策を実行に移すためには、多大な労力と時間を要するため、本フェーズで重み付けを行い（**図表2-9**）、評点が高いものを優先して、次フェーズのスケジュール化へ進めましょう。

図表2-9　重み付けの参考例　※著者の過去事例より抜粋

問題点	課題	解決策	導入検討ツール等	重要度 高5~低1	緊急度 急5~遅1	難易度 高1~低5	コスト 高1~低5	即時性 遅1~早5	総合点
決裁書類が紙で時間と手間がかかる。決裁者が休みの場合等はさらに時間がかかる	どこからでも承認ができる仕組みの確立	デジタルによる承認フローの導入	ワークフローシステム グループウェア	3	4	4	5	5	21
	適切な承認フローへの変更	承認フローの再設計	ー	3	4	1	ー	5	13
ケア記録の入力内容にバラツキがあり、情報の活用が困難となっている	入力品質の均質化	入力項目の教育実施	動画研修プラットフォーム	5	3	2	3	5	18
		特定入力項目の定形化	現介護ソフト	4	3	2	ー	3	12
	入力環境の最適化	入力デバイスの見直し	タブレット、スマートフォン	5	3	5	2	4	19
		記録ソフトの見直し	記録ソフト	4	3	1	2	1	11
利用者、その家族との情報共有に時間がかかっており、職員含めて負担となっている	電話、紙が中心の共有方法の改善	デジタルツールによる情報共有	ビジネスチャットツール 連絡帳の電子化	4	4	3	3	4	18
職員全員、特定部門等への情報発信が正確に伝わらなく、重要な情報が一部の職員に届かず支障をきたしている	迅速・正確な情報伝達手法の確立	情報発信フローの見直し	ー	4	4	3	ー	3	14
		情報発信方法の変更	グループウェア ビジネスチャットツール	5	4	4	3	4	20
職員間の連絡手段がPHSしかなく、ヘルプ要請時等、職員に負担がかかっている	PHS以外でのコミュニケーション手段の確立	コミュニケーションツールの導入	インカム	3	5	3	2	3	16
他フロアの状況把握	他フロアの状況把握	共用部などに簡易なカメラを導入することで映像を通してフロア間の共有を図る	Webカメラ (簡易)	4	4	4	5	4	21
会議が多く、出席や準備に時間がかかることで、業務に支障をきたすことが頻発している	会議方法の変更	オンライン会議の積極移行	Web会議ツール	4	4	4	4	5	21
		テキストベースでの一部決裁	ビジネスチャット	4	3	4	3	4	18
	会議自体の適切化	会議自体の見直し (不要な会議の取り止め)	ー	4	4	4	ー	5	17

3 法人のポリシーの決定

　業務改善委員会では、法人や現場が抱えている問題を浮き彫りにし、解決策を導く役割を担っていることがわかったと思います。

　次項では、アプローチ（課題解決策）ごとにスケジュール設定や予算化を進めることについて解説しますが、その前に法人全体でICT活用に関するポリシーを設定することをおすすめします。ここでいうポリシーとは、法人のICT活用に関する、たとえばセキュリティや投資スタンス等の考えを取りまとめた、法人の性格設定です。

　具体的には、**図表2-10**に示した6つのポリシーを設定することを本書では推奨します。これらのポリシーは、ICT化を進めるうえで何度も議論されることになるため、事前に設定することで、導入を図るシステムなどを選定する際の前提条件となり、その後の検討がスムーズになります。

図表2-10 法人が決定しておきたい6つのポリシーと決定例

法人のポリシー	決定例
システムに関する革新性	A．ICT化による先駆的イメージを図ることで、施設のブランディングの一環として差別化を行い、利用者の獲得や若手職員獲得につなげる。 B．伝統的なオペレーションを行うことで、それを好む職員や利用者の獲得を目指す。
投資スタイル	A．経済的に合理性があれば自己資本や借入を積極的に行い投資を図る（投資対効果重視）。 B．自己資本投資は極力避け、補助金などの活用前提でなければICT投資を行わない。
現場負荷	A．職員への負担は余り考えずに積極導入を行い、使いながらICTに慣れて行く考えで導入を図る。 B．職員への負担を優先的に考慮し、導入前研修などに重きを置き慎重に導入を図るとともに、慣れるまでは他のシステムの導入などは控える。
利用者・職員プライバシー	A．プライバシーを優先し、効率化が最大限図られなくても良い。 B．効率化を優先し、プライバシーに関してはしっかりと利用者やその家族への説明を行うことで理解を求めつつ、ある程度のプライバシーが損なわれることもいとわない。
セキュリティ	A．高いセキュリティレベルを優先し、運用上の手間と技術的投資を惜しまない。 B．経済合理性や運用上の効率を重視し、必要最低限のセキュリティレベルに留める。
最適モデル （全体最適・個別最適）	A．法人全体ならびに法人本部での管理効率を重視し、法人内の各事業所の個別ニーズはあまり重視しない（全体最適）。 B．事業所ごとの考えやオペレーションを重視し、事業所ごとに最適なシステムの導入も積極的に容認していく（個別最適）。

　システム導入を検討する際、法人内の各々の事業所や特定職種による観点で個別最適を図る場合でも、個別に導入されたシステムが本部や他の事業所等でデータが連携できず孤立してしまうような場合は、個別最適システムを導入することは控えましょう。

　たとえば、法人が施設系サービスの他に、居宅介護支援事業所や訪問等の在宅サービス、地域包括支援センターを地域で展開している場合、利用者個人に焦点を当てると、長期的には地域包括支援センターへの相談や、在宅サービスの活用から施設入居に至るまで、利用者は複数のサービスを経て入居となる場合もあれば、その逆に施設サービス利用者が在宅復帰をし、在宅サービスの利用者となる場合もあります。

　このようなケースで法人が事業所ごとに別のシステムを活用していて、その利用者のデータがシームレスに活用できなくなるシステム構成となってしまっていては、利用者の長期的ケアに資するデータ活用はできなくなってしまいます。

　個別最適を図る場合でもシステム間でデータ連携が図れるように検討を行ってください。

　これらのポリシーは、法人の成長や時代の風潮とともに見直しが必要です。決定した後は、最低でも3年に1回程度は見直しを図りましょう。

　第3章では、セキュリティの重要性に触れますが、特にプライバシーやセキュリティの考え方については時代とともに重要度が増しておりますので、都度、見直しすることを心がけてください。

4 スケジュール化と予算化

　ここでは、「2．現状分析からはじめる問題・課題・解決策」で導き出した課題解決策に対し、スケジュール化と予算化する方法について解説します。

(1)　スケジュール化

　まずスケジュール化については、法人、施設の規模や抽出された問題や課題のボリュームにもよりますが、スケジュールは3年ほど先まで立てることを以下3点の理由においておすすめします。

❶進行の見える化

　解決策実行についての企画段階、対策の実行（ICT導入時はその導入）段階、解決策の定着支援段階、振り返り段階のスケジュールを机上でも見える化することで、プロジェクト全体の進行具合が把握できるとともに、遅延等の問題が発生している場合、理由を分析しやすくなります。

　また、計画を職員に公開することで、いつ頃どんなICTが導入されるか、またそれに伴う使いこなしの期間がどの程度あるのか、効果を発揮し始めるタイミングがいつ頃なのか等、職員は事前に心の準備ができます。突然、現場にICTが降ってくるような導入になると職員側が困惑してしまうため、計画の公開や共有は積極的にしていきましょう。

❷補助金等への対策

　将来的に課題解決の計画を立てていることで、自治体などから補助金や助成金の情報がリリースされた際、機動的に補助金獲得に向けた動きが可能となります。

　言い換えると、補助金情報がリリースされてから上述の問題・課題・解決策抽出のプロセスを短期的に進める場合と、綿密に検討され計画された解決策の計画では、いうまでもなく後者の方が精度が高く、ICT化による成功確率が高まります。

もし補助金の補助対象が、施設の3年後の計画に組み込まれている解決策の実施だったとしても、スケジュールの組み換えをするだけで済むので、中期的な目線で施設運営を考えた際に財務上の観点でも有効です。

❸経営層への理解

中期的な計画を所有することで、事前に経営層への理解を求めることが可能になります。

ICT導入の規模によっては多額の資金を要するケースも少なくありません。また、導入にあたり大規模なネットワーク工事などが必要な場合や、複雑なICTの場合は現場への運用負担などを事前に経営陣に説明しておかなければならないでしょう。

利用者や現場に混乱をきたさないためにも、現場側だけでなく経営側への理解や意見を求めることは極めて重要です。

なお、スケジュールを管理するにあたり、厚生労働省の「介護サービス事業における生産性向上に資するガイドライン」（https://www.mhlw.go.jp/stf/kaigo-seisansei.html）では進捗管理シートの活用がすすめられています。スケジュール管理についてツール等が定まっていない施設では、こちらのシートの活用も検討してみてください。

(2) スケジュール化と予算化

また、予算上の観点でも、スケジュール化は極めて重要になります。ICTの規模によっては投資する金額も大きくなりますので、自己資本や補助金の活用だけでなく、ときには金融機関からの借り入れや機器のリースといった金融も活用すべきです。金融機関への打診や与信判断などにも時間がかかるため、そこを理解したうえでスケジュール化を行い、事前に金融機関と協議をしておくことは計画をスムーズに進行するために重要です。

自己資本のみで投資を行う場合でも、いつ頃どの程度の支出が発生するのかは、上述した経営層への理解においても必要となりますので、しっかりと計画を立てましょう。

5 ICTの導入・選定

　前項までに示したように解決策を見いだし、その道のりも計画として整備されれば、既に施設のICT化を大まかに進めることが可能となります。

　個別の解決策を進めるにあたり、皆さんの多くが迷うところは、実際のシステム選定になるかと思います。

　第5章で紹介する多くの製品のように、今では数年前と比べ物にならないほどの多くのICTを市場で手に入れることができるようになりました。介護施設の皆さんからすると喜ぶべきところですが、一方で多数の選択肢から自分の施設にとって適切な製品を選ぶことが年々難しくなっています。

　ここでは、製品を選ぶにあたり必要な観点や考え方について解説します。**システム選定で評価すべきポイントは大きく分類すると「要望と製品の適合性」「コストの適合性」「ベンダーの能力と信頼性」の3つに分かれます。**

(1) 要望と製品の適合性

◉機能網羅性

・ICTに期待する役割に対して、対象のICTが役割を担うことができる機能や性能がどれほど網羅されているかの評価（**TIPs 6**参照）

➡必要な機能や性能は事前に整理が必要です。逆にどれだけ不足しているかに注目し、評価しても良いでしょう。

◉ユーザビリティ

・職員が操作する画面の操作性や閲覧する情報の視認性についての評価

➡トライアルを申込み、事前に操作を行ったり、メーカーのデモを依頼し確認しましょう。

◉セキュリティ

・データの所在とその保存方法を確認し、セキュリティ上安全な状態でデータが保存されているかの評価

・職員等のユーザが使用する際のアクセス制御の評価

➡簡単にログインなどができることは利便性は高いですが、セキュリティ上問題がないか評価をしましょう。

◉システム連携

・対象のICTが他のICTとデータ連携が可能かどうか、また可能な場合はどのシステムと連携が可能か、具体的に何が連携できるかの評価

➡一言で連携といっても、その程度はわかりません。どのデータがどのように連携できるのかしっかりと確認しましょう。

◉システム競合

・特定のICT活用下において、対象の製品同士が悪影響を与えないかの確認

➡複数のシステムが同時に動作した際の挙動は複雑なので導入前にメーカーに確認をしましょう。

例：ナースコール受信中のインカム使用やナースコール受信中の見守り支援機器からのアラート鳴動など。

⑵　コストの適合性

◉自法人の予算

・財務的観点に加え、問題解決による効果とICT導入全般にかかる費用との比較（投資対効果）によって評価

➡法人が投資しても良いと考える費用感を示しましょう。また初期費用だけに着目せず、保守費用や教育コスト、故障時の買い替えコストなどのランニングコストも比較対象に加えましょう。

◉競合製品との比較

・比較検討する製品同士でコスト面の評価

➡製品も多様化し、多機能高価格路線や中機能低価格路線など価格の在り方もメーカーによって違いが生まれています。機能面の評価に合わせて、コスト面の比較も十分に行いましょう。

◉初期費用と保守費用

・製品そのものや付随するWi-Fi等の工事、スマートフォン等の機器、初回のトレーニング費用などの全体的な初期費用の算出と、保守費用や製品のサポート費用、想定される故障対応費用などのランニングコストを算出して評価

➡初期費用はベンダーからの見積書などで判断しやすく、比較的シンプルですが、ランニングコストは把握しづらい場合があります。ハードウェアを導入する場合は故障率なども計算のうえ、向こう数年間でどの程度の支出が見込まれるのかベンダーに確認する等し、算出を行いましょう。

⑶ ベンダーの能力と信頼性

◉提案力

・提案は単焦点的なものではなく、施設の業務をふかんし、複数の製品を組み合わせての改善提案など、総合的な提案がされているか評価

➡介護の業務は、IT業界を含む他業界から見るととても複雑です。もしベンダーからの提案が業務を熟知し、総合的な提案であれば、そのベンダーは極めて優秀であり、大いに評価して良いでしょう。

◉保守能力

・製品を使い続けるうえでの、サポート体制、重大なトラブルの発生頻度等、継続使用を鑑みた能力を所有しているかの評価

➡ICT活用は導入してから始まるといっても過言ではありません。重要なトラブルの有無は、製品のサポートページなどで掲載している場合がありますが、公開していない製品もあります。その場合は、製品を使用している他の介護施設の評判などから保守能力の判断をしましょう。

◉企業の信頼度

・検討中のICTを提供するメーカーの財務的体力や体制、評判など、製品以外の面での評価

➡メーカー側から見たとき、ICTの開発や安定したサービス提供はその維持だけでも多大なコストがかかります。創業から長く続いているか、財務体質はどうか、株主はどのような企業なのか等、企業の評価をしましょう。

◉技術力・実績

・法改正対応やユーザビリティ向上のためのバージョンアップのスピードや過去の導入実績についての評価

➡導入実績の豊富さやユーザの声で確認することが良いでしょう。ただし、導入実績については、当然古くから存在する製品やサービスは実績が多くなるので、導入実績が少ないからNGというわけではなく、リリース直後など導入実績が少ない理由が明確であれば問題とならないケースもあります。

TIPs 6 FIT&GAP分析について

ICTの導入を考えている施設は、これから大きな費用をかけて、苦労しながら導入することになるので、導入したICTを活用して可能な限り多くの課題を一気に解決したいと期待していると思います。しかし、いかなるICTも万能ではなく解決できる課題には限界があります。

導入するICTが、現状を分析し把握した課題についてどれだけカバーできるか事前に評価をしましょう。その際、ICTに期待する機能と、製品が搭載する機能を検討するのに必要な観点をFIT&GAP分析で考えることをおすすめします（**図表2-11**）。

適合部分（FIT）

製品標準機能により課題解決が実現

カスタマイズ対応（GAP）

製品標準機能にはないがオプション等の契約により課題解決が実現

不適合（GAP）

製品には該当機能がなく、他の製品での対応や運用で対処を行う

使用せず

製品標準機能として存在するが使用しない標準機能

ICT同士を単純比較するケースをよく見かけますが、多種多様なコンセプトの製品同士で優劣を競うよりも、上記観点で各ICTについて、製品単体で評価を行い、評点が高いものを選定すると、評価がシンプルになるため、FIT&GAP分析をおすすめします。

図表2-11 FIT&GAP分析

製品の機能分類		課題解決・機能面
製品外機能	不適合（GAP）	運用でカバー（他製品で対応）
製品標準外機能	カスタマイズ対応（GAP）	製品のオプション等の活用
製品標準機能	適合部分（FIT）	製品をそのまま使用
	使用しない製品標準機能	

出典:独立行政法人情報処理推進機構（IPA）社会基盤センター「システム再構築を成功に導くユーザガイド」図1.13「Fit & Gap分析のイメージ」を基に作成

6 環境整備

　本項ではこれからの介護施設運営において極めて重要となる環境整備について解説します。第5章で紹介する事例のように製品やサービスを円滑に活用するためにはベースとなる環境の整備が必要です。

　具体的には、施設内のネットワーク環境にはじまり、ナースコールおよび見守り支援機器等の通知を受信するためのスマートフォンや、介護記録ソフトの閲覧用のタブレットなどのデバイスがあたりますが、これらの設備の整備はガス・水道・電気と同様に今後のICT活用においてのインフラになるので、導入だけでなくしっかりと維持をしましょう。また、これらの維持にかかる費用は毎年予算化すべきものです。それでは一つずつ解説します。

⑴ スマートフォン

　今や介護施設運営において主役になりつつあるデバイスの一つです。用途としては、ナースコールの通知の受信（※PHSの代わり）や、見守り支援機器の通知およびカメラ映像の受信、そして介護記録ソフトの入力や参照、ビジネスチャットツール等のソフトウェアの活用等となっており、非常に多くの機能を担っています。

　小さい頃からインターネットに触れてきたZ世代はパソコンのキーボード入力よりも、スマートフォンでのフリック入力の方が圧倒的に慣れていて、記録等を重視している事業所においては将来を見据え、職員一人ひとりに機器を貸与している事業所も少なくありません。

　また、外国人人材の活用を行う施設では、翻訳アプリなどを使用しコミュニケーションにいかしているケースもあります。

※　これまで介護現場においてPHSは主にナースコールの受信機として広く普及していましたが、いまやその流れは終息に向かっています。その理由は、2023（令和5）年3月に国内の公衆PHSサービスは終了となり、それに伴うPHSの総需要の減少、製造・修理を行うメーカーの撤退等により、今後ナースコールの受信機として将来性がないということに他なりません。

⑵　タブレット

　主に見守り支援機器のダッシュボード（一覧機能）の閲覧や、介護記録ソフトの参照用に活用が進んでいます。

　施設によってはケアステーション等でのパソコン入力を廃止し、タブレットのみで入力を行っている施設も増えています。スマートフォンを積極活用している施設においても、スマートフォンでの入力や閲覧が苦手な職員に対しタブレットでの入力を推奨し、得手不得手で入力機器の使い分けを行いながら職員の負担軽減を図っているケースが見られます。

　また、タブレットによっては手書き入力に標準対応しているものや、標準対応していない場合もアプリケーションをインストールすることで手書き入力を実現できます。ペーパレス化を進めたいけれど、どうしてもキーボードやスマートフォン入力が苦手だという職員に対して、これらの機能を提供し、デジタル化を進める施設も増えています。

⑶　パソコン

　上述のスマートフォンやタブレットと比較すると、令和に入り介護施設のパソコンの導入割合は横ばいまたは低下の傾向となっています。

　活用のシーンも Excel 等の表計算ソフトや Word 等の文書管理と、介護記録（請求）での入力や事務方のバックヤードに限定されつつあります。

　今後、音声認識等によるソフトウェアの進化や、上述の Z 世代が職員のメインとなった際の記録方法の在り方を想像すると、事務作業の一部でしかパソコンを使用しないという将来も考えられるでしょう。

⑷　業務用ネットワーク

　今後の施設運営において最も重要な環境設備の一つが、ネットワークインフラ（Wi-Fi 環境等）となります。

　以前は事務室やケアステーション等の有線 LAN 整備だけで十分でしたが、上述のスマートフォンやタブレットの活用、見守り支援機器の活用において必須となりました。

　見守り支援機器やインカム等を活用する場合は、廊下などの共用部の通信環境はもち

ろんのこと、居室内まで十分に通信環境を整える必要があり、特に映像を活用する見守り支援機器の場合はデータサイズが巨大になるため、それに耐え得る通信環境整備が必要になります。また、ナースコールをスマートフォンで受信するなどの場合、その通知を逃さないためにも安定性が必要です。

　もはや施設内で使用するあらゆる機器を安定稼働させるためにも、Wi-Fi環境の充実こそが施設運営においての事実上の生命線となりつつあります。

　一方でWi-Fiはコンクリートの壁や水回りに弱い特徴があり、建物の躯体がしっかりしていることがほとんどである介護施設は、一般的な事務所などと比べると、アクセスポイントの設置数等、十分に配置する必要があります。また築年数が10年以上経過している施設でのネットワーク再敷設の工事では、天井裏や壁の内側に配線可能なスペースを確保することが難しく、施工自体が困難なケースもあり、その整備費用は高額となってしまう場合も少なくありません。後述する補助金の活用なども検討し、整備を行いましょう。

⑸　利用者用ネットワーク

　第1章で既に触れていますが、これから入居する介護施設の利用者はその大半がインターネットを仕事やプライベートで使用してきた世代です。今後の施設運営において、利用者による居室内や共用部でのインターネット利用は当たり前となってくるでしょう。当然のことながら、利用者のインターネット利用用途は多岐にわたることが想像され、居室内でのインターネットTVや映画の鑑賞、家族との動画による通話等を提供するためには盤石な通信環境整備は必須条件となります。もし通信環境がぜい弱な場合、ホスピタリティの観点で利用者からのクレームになりかねないので注意が必要です。

　また、利用者向けのネットワーク環境を実際に提供する場合は、セキュリティ面に注意をしましょう。実際に一部の施設などでは、既にカフェなどの公共のWi-Fi同様に利用者共通のWi-Fiを提供している場合がありますが、セキュリティの観点で全くおすすめできません。この場合、それを利用する施設の利用者のパソコンやスマートフォンが同一のネットワークに存在することにより、機器によっては各利用者が取り扱うデータが丸見えになってしまうことや、利用者の一人がコンピュータウイルスに感染してしまった際、利用者全員に感染を拡げてしまう等のリスクがあります。

　もし、他の利用者のコンピュータウイルスの被害により別の利用者が損害を被ってし

まったときや、悪意なく利用者の個人情報やパスワードなどの秘密の情報が偶然他の利用者に参照されてしまった場合、その環境を提供した施設側が善管注意義務（善良な管理者の注意義務）違反に問われてしまう可能性もあります。

　入居率やホスピタリティ向上のための利用者向けネットワーク環境の整備は、今後施設サービスとして重要となることが想像されますが、上述のように簡単に提供することはせず、セキュリティ面に十分注意を払いサービス提供をしてください。

Column　補助金活用のすすめ

　参考として2022（令和4）年度における各自治体で活用可能な補助金は以下のものがありました（**図表2-12**）。

　介護現場のDXが求められる間は維持される見込みですが、予算の関係もあるため、各ICTの導入を検討する際には自治体のホームページなどから積極的に情報収集を行い、早めに活用を検討しましょう。

図表2-12 2022年度のICT活用補助金一覧

	ICT導入支援事業	介護ロボットの導入支援事業
財源	地域医療介護総合確保基金（介護従事者確保分）	地域医療介護総合確保基金（介護従事者確保分）
補助対象	●介護ソフト 記録、情報共有、請求業務で転記が不要であるもの、ケアプラン連携標準仕様を実装しているもの（標準仕様の対象サービス種別の場合。各仕様への対応に伴うアップデートも含む） ●情報端末 タブレット端末、スマートフォン端末、インカム等 ●通信環境機器等 Wi-Fiルーター等 ●その他 運用経費（クラウド利用料、サポート費、研修費、他事業所からの照会対応経費、バックオフィスソフト（勤怠管理、シフト管理等）等）	●介護ロボット 移乗支援、移動支援、排泄支援、見守り、入浴支援など、厚生労働省・経済産業省で定める「ロボット技術の介護利用における重点分野」に該当する介護ロボット ●見守りセンサーの導入に伴う通信環境整備 Wi-Fi環境の整備、インカム、見守りセンサー等の情報を介護記録にシステム連動させる情報連携のネットワーク構築経費等
補助要件	●LIFEによる情報収集・フィードバックに協力 ●他事業所からの照会に対応 ●導入計画の作成、導入効果報告（2年間） ●IPAが実施する「SECURITY ACTION」の「★一つ星」または「★★二つ星」のいずれかを宣言等	引用元には記載なし （ただし、自治体ごとに定められている場合がありますので、適宜確認してください）

| 補助上限額等 | ●事業所規模（職員数）に応じて設定
・1〜10人　100万円
・11〜20人　160万円
・21〜30人　200万円
・31人〜　260万円
●補助割合
一定の要件を満たす場合は、3/4を下限に都道府県の裁量により設定
それ以外の場合は、1/2を下限に都道府県の裁量により設定
[補助割合が3/4となる要件：以下のいずれかを満たすこと]
・事業所間でケアプランのデータ連携で負担軽減を実現
・LIFEの「CSV連携仕様」を実装した介護ソフトで実際にデータ登録を実施等
・ICT導入計画で文書量を半減
・ケアプランデータ連携システムの利用 | ●介護ロボット（1機器あたり）
・移乗支援（装着型・非装着型）→上限100万円
・入浴支援→上限100万円
・上記以外→上限30万円
●見守りセンサーの導入に伴う通信環境整備（1事業所あたり）
上限750万円
●補助上限台数
必要台数
●補助率
都道府県の裁量により設定（一定の要件を満たす場合は3/4を下限、それ以外の事業所は1/2を下限）
[一定の要件]
以下の要件を満たすこと
・導入計画書において目標とする人員配置を明確にしたうえで、見守りセンサーやインカム、介護記録ソフト等の複数の機器を導入し、職員の負担軽減等を図りつつ、人員体制を効率化させる場合 |

引用：「介護分野におけるICTの活用について」厚生労働省、「地域医療介護総合確保基金を利用した介護ロボットの導入支援」厚生労働省を基に著者作成

　上記の補助金の他に中小企業庁（経済産業省）から出ている補助金もあります。

https://www.it-hojo.jp/applicant/solution/care.html

こちらもあわせて検討してみてください。

7 ICTに関する教育の実施

　読者の皆さんは、介護の現場に就職する前や就職した後にICTに関する研修や教育に触れる機会はあったでしょうか。介護労働安定センターが行った「介護労働実態調査（令和2年）」内での調査項目［今の職場で受講した研修］では、そもそもICTに関する研修はマイナーであるため、選択肢として存在しません（ちなみに同項目の1位は衛生管理です）。また、著者は以前、専門学校で介護福祉士等を目指す学生向けにICTの授業を行っていましたが、介護や福祉系の専門学校等でのICT教育は極めて珍しく、就業前にICTについて学ぶことはなかなか難しい状況です。

　最近の介護DXの流れで以前よりICTに関する研修の場は広がっているものの、このようにまだまだその環境は十分ではなく、しばらくは施設側が自主的にICTに関する職員教育を進めて行く他ありません。本項では、いま施設が行うべき教育はどのような内容であるか解説を進めていきます。

(1) ICTに関するイメージ変革

　最初に取り組むべきは、ICTのイメージを変えるための教育です。この本を手に取った読者の皆さんをはじめ、施設の管理者や経営者等はいうまでもなく、ICT導入は経営上、運営上に必要な取組みであると認識していると思います。

　しかし現場職員の皆さんが抱くICTへのイメージはいかがでしょうか。著者の知る限り、現場の職員全員がICTに対してポジティブなイメージを持っているケースは極めてまれで、どちらかというとネガティブなイメージを持っているケースが少なくありません。

　実はそれには理由があります。介護保険制度が始まってから20数年たちますが、これまでICTの導入によって現場が劇的に良くなり、職員も利用者も皆がハッピーになった体験をした職員はいるでしょうか。残念ながらそのようなケースは現実的に数多くなく、ときにICT導入のせいで不便になったと感じ、ICTに対して不信感を持ってしまったという職員もいます。

今後、施設においてICT導入を円滑に図るためには、このイメージを変えなければなりません。第1章で解説したとおり、そもそもなぜ生産性向上の取組みやそれに伴うICT活用が必要であるか、それは未来の地域の福祉・介護の維持や自法人および利用者のためであるという意義をしっかりと伝えていきましょう。

　また、実際にICTの導入を進めていくときには以下についても説明を行い、現場の理解を深めましょう。

　ICTの導入後は従来のオペレーションが変わります。導入した製品等に慣れて成果が見え始めるまでは、どのような製品であっても下図のようにむしろ現場の負担は増加し職員にとっては大変厳しい状況が続きます（**図表2-13**、第4章参照）。

図表2-13 ICT化我慢の曲線

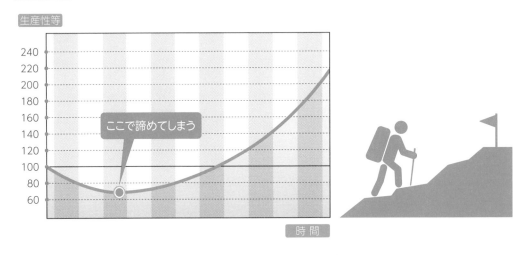

　それはまるで険しい道のりを越えた先にようやく絶景が広がる頂上がある登山のように、簡単に成果に結びつくことはないと考えて良いでしょう。

　つまり、現場の職員にとって、ICTを導入した序盤は楽になるどころかむしろ大変になることをしっかりと伝えましょう。そのうえで法人が目指している成果は、苦労の先にある効果であることを示し、なぜその成果獲得に向けてICT化の取組みを進めているのか理由を説明してください。

現場職員の理解と賛同なくして、ICT活用による成功はないと心得ましょう。

⑵ ICT基礎能力（ICTリテラシー）の向上

　上述のとおり、介護におけるICT活用の教育機会は、介護技術などの他の研修と比較すると乏しい状況です。

　一方で、現場職員はICT化が進むにつれ、頻繁にICTと向き合うことになります。そして一定以上導入が進むと、もはやICTなくして現場が回らないようになります。こうなってしまうと、ICTが苦手な職員はその現場についてくることができず、職員の定着や職員満足度向上において逆風となりかねません。

　そのような未来を見据え、全職員のICTリテラシー向上を目指しましょう。具体的には、自治体や商工会議所などが行う中小企業向け研修は、リーズナブルで開催頻度も多く受講がしやすいので積極的に活用しましょう。

図表2-14 ICT活用を取り扱っている研修

	介護ICT（ケアテック）研修	中小企業向け研修	生産性向上全般研修
実施主体例	介護の業界団体や自治体	商工会議所や自治体	厚生労働省
特徴	介護業務で活用可能な事柄に絞り込まれており、事例等具体的である。	産業問わず汎用的な研修内容であるが、スマートフォン活用やWord、Excel講座、セキュリティ講座など施設でのICT活用において通ずるものがある。	オンライン（オンサイト）イベントによる研修だけでなく、オンデマンド動画やテキストも充実しており、自習に有効。内容も介護に特化しており、理解がしやすい。
頻度	低い	高い	常に（オンデマンド）
コスト	安価	安価	無料

TIPs 7　厚生労働省が公開している、生産性向上の取組みを進めるうえで有効なツール群について

・介護サービス事業における生産性向上に資するガイドライン

　介護事業所が生産性向上の取組みを進めるうえでの基本的な考え方やそのプロセス、事例などが解説された手ほどき的な電子冊子。生産性向上の取組みを図る際には参考とすべき内容となっている。施設系サービス向けや居宅系サービス向け等に分かれている。

https://www.mhlw.go.jp/stf/kaigo-seisansei.html

・介護分野における生産性向上の取組みを進めるためのツール等

生産性向上の取組みをどのように進めるか、背景理解、課題把握等のステップごとに動画等により解説されている。各動画も10分以内となっており、隙間時間で効率的に学習ができる仕様となっている。また、取組みを進めるうえでの実践的なExcelツール等も公開されている。

https://www.mhlw.go.jp/stf/kaigo-seisansei_tool.html

(3) 最新機器等の情報と活用事例の収集

介護現場に資するICTは、メーカーの努力もあり日進月歩で進化を遂げています。特に令和に入ってからの数年は既存メーカーの進化はもちろん、新規参入企業も増えており、新しい製品やサービスが市場投入されています。もし、過去に製品の調査を行い、それが2年前の調査だったとしたら、その情報は既に陳腐化して使い物にならないでしょう。それくらい、介護施設向けのICTは目覚ましい進化を遂げています。

最新の情報をしっかりと押さえるために、年に1回程度は介護製品の展示会などで情報収集を行うことをおすすめします。コロナ禍において展示会の様相も変化したこともあり、従来どおりのリアルな展示会の他にオンラインでの展示会も開催されていますので上手に活用しましょう。

また、事例については展示会で知ることもできますが、各業界団体等が公開するケースもあるので、あわせて情報収集を行ってください。また、上述した「介護サービス事業における生産性向上に資するガイドライン」でも多くの事例が掲載されていますので、参考にしてみましょう。

(4) 情報セキュリティに関する教育

第3章で詳しく解説をしますが、機器の正しい取扱いやそれに伴う個人情報の取扱いなどについて定期的に研修や指導を行い、利用者等の情報を守る教育をしてください。**図表2-14**で示した中小企業向け研修等では、近年のサイバー犯罪等の急増により比較的高頻度で開催されているので、積極的に参加を検討しましょう。

第 **3** 章

情報管理の徹底

　第2章では問題の解決手法等、具体的にICT活用を進めるにあたり、建設的なテーマで解説してきました。

　第3章では、ICT活用を進めるにあたり必要な情報管理について解説します。

1 デジタル化が進む 介護施設の脅威

　昨今、高齢者等を狙った凶悪犯罪が全国レベルで多発しています。これらの事件において、犯罪者集団は事前に多くの個人情報を収集し、ターゲットをリスト化していることが報道等で推察されています。また、犯罪者達は情報を入手するたびにリストを更新し情報の精度を上げているそうです。

　一方、メディアではあまり大きく取り上げられていませんが、インターネット上での犯罪も急増しています。特にフィッシング詐欺被害、ランサムウェア被害の増加は顕著です。

　IPA（独立行政法人 情報処理推進機構）が公開している「情報セキュリティ白書2022」によると、2017（平成29）年度に1万件程度の被害であったフィッシング詐欺被害は、2021（令和3）年度には58万件を超え、その被害の拡大は急増しています。また、同様に被害を受けると大きな損失となるランサムウェア被害についても2020（令和2）年下期に21件だったものが、2021（令和3）年下期には4倍の85件となっており、こちらも被害が急増しています（**図表3-1**）。

図表3-1 フィッシング報告件数、ランサムウェア被害件数の推移

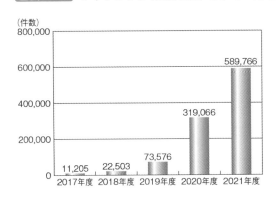
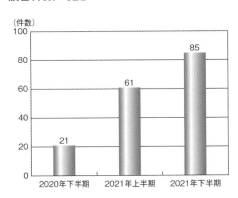

出典：「情報セキュリティ白書2022」独立行政法人 情報処理推進機構・2022年
（左図原典：フィッシング対策協議会「月次報告書」〔2017年4月～2022年3月〕
右図原典：警察庁「令和3年におけるサイバー空間をめぐる脅威の情勢等について」）

フィッシング詐欺被害とランサムウェア被害とは

・フィッシング詐欺被害

　フィッシング詐欺とは、送信者を詐称した電子メールを送りつけたり、偽の電子メールから偽のホームページに接続させたりするなどの方法で、クレジットカード番号、アカウント情報（ユーザID、パスワードなど）といった重要な個人情報を盗み出す行為を指します。なお、フィッシングはphishingという綴りで、魚釣り（fishing）と洗練（sophisticated）からつくられた造語であるといわれています。（「国民のための情報セキュリティサイト」総務省より引用）

　近年では、本物と全く見分けがつかない偽サイトを作成し、巧妙な手口で情報を抜き取る被害も発生しており、特に注意が必要です。

・ランサムウェア被害

　ランサムウェアとは、感染すると端末等に保存されているデータを暗号化して使用できない状態にしたうえで、そのデータを復号する対価（金銭や暗号資産）を要求する不正プログラムです。

　従来のランサムウェアは、不特定多数の利用者を狙って電子メールを送信するといった手口が一般的でしたが、最近では、企業等のVPN機器をはじめとするネットワーク機器のインフラのぜい弱性を狙って侵入する手口が多く見られます。また、データの暗号化のみならず、データを窃取したうえ、企業等に対し「対価を支払わなければ当該データを公開する」などと要求する二重恐喝（ダブルエクストーション）という手口も確認されています。（警察庁Webサイトより引用）

このように近年、個人情報を悪用した犯罪や、インターネット等を悪用したサイバー犯罪が急増しており、デジタル化が進む介護施設運営に関しても例外なく脅威となっています。現実に、介護に近しい医療等での被害や、介護事業での被害も発生しています。

［近年発生した被害例］

・大阪急性期・総合医療センター（大阪府）

　ランサムウェア被害により、通常診療不能状態に

・尼崎市役所（兵庫県）

　業務委託先の作業担当者が、全市民46万人の個人情報を格納した状態のUSBを紛失

・安江病院（岐阜県）

　外部からの不正アクセスにより患者、コロナワクチン接種者情報約11万件漏えい

・半田病院（徳島県）

　ランサムウェア被害により、電子カルテシステムが3ヵ月停止した事件

　VPNやセキュリティ対策を行っていたが、運用が不十分だった事例

　説明責任を果たすため作成された調査報告書は140ページにもわたる

・港区高齢者日常生活用具給付事業委託事業者（東京都）

　サーバへの不正アクセスにより個人情報流出を確認

2 介護施設運営に潜む情報セキュリティリスク

(1) 進化を遂げた介護施設

実際に介護施設運営に目を向けると、この10年で施設におけるICT環境は大きく変貌を遂げています。

10年前は国保連の請求ソフトで請求を行い、記録は介護記録ソフトを使わずに紙やExcelで行っていた施設も少なくありませんでした。今や介護施設において介護記録ソフトの活用は当たり前となっており、また介護記録ソフト自体もクラウド化（※）され、記録や請求業務はインターネットなくして実現し得ない環境となりました。第6章で詳しく解説する科学的介護推進を行ううえでも、介護記録ソフトでの記録の充実は重要性を増しています。

そして、施設内のネットワーク環境もこの10年で大きく変化しました。これまでは、館内のネットワークは事務室やケアステーションなどのごく一部に留まり、接続方法も有線LANのみといった施設は珍しくありませんでしたが、最近建設された施設の多くは、事務室はもちろん、共用部や居室までWi-Fiの環境が整備されていて、既設の施設に関しても大規模改修等で同様の仕様にリニューアルされています。

さらに、第5章で詳しく事例を紹介しますが、居室での見守り支援機器やインカムの活用、それに伴うタブレットやスマートフォンの活用など、製品やICTサービス活用面においても劇的に進化を遂げました（**図表3-2**）。また利用者のホスピタリティ向上を目的として、利用者向けWi-Fi整備も進んでいます。

もはや介護施設運営は、ICT活用、デジタル化なくして運営ができないといっても過言ではありません。一方、上述したとおり、これらのデジタル整備がされた施設において、どのように大切な利用者や職員の個人情報等を守っていくかは、これからの介護施設運営においてとても大事な観点となっています。

※ クラウド化
　インターネットを通じてサービスが利用できるソフトウェアの形式。正式にはSaaS：Software as a Serviceという。
　従来は施設内に物理的にサーバを用意し、それに接続することでソフトウェアを利用していました

が、クラウド化によって施設内に物理サーバを用意する必要がなくなりました。

図表3-2 進化した施設内の環境・設備

環境・設備	ネットワーク	記録ソフト	見守り機器	館内連絡手段	利用者向け環境
10年前	有線LANのみ	物理サーバ上に設置	足踏みマット	PHS	なし
現在	無線（Wi-Fi）環境	クラウド上に設置	見守りカメラ ドップラーセンサー	スマートフォン インカム	居室内Wi-Fiや共有Wi-Fi

(2) 介護施設運営に潜む情報セキュリティリスク

それでは近年の介護施設運営において、どのような情報セキュリティ上のリスクが潜んでいるか考察してみましょう。

◉パソコンやスマートフォン等のデバイス活用上のリスク

IPAの「中小企業の情報セキュリティ対策ガイドライン」（https://www.ipa.go.jp/security/guide/sme/about.html）によると、パソコンやスマートフォンのOSが最新版となっているか、またウイルス対策、情報へのアクセス制限、複雑なパスワードの運用等が基本的な対策として求められています。

介護施設においても、介護記録システム内のデータや利用者、職員の個人情報が含まれるWordやExcel等のファイル、そして、それらが保存されたパソコン等の機器そのものを紛失や盗難から守らねばなりません。

◉ネットワーク上のリスク

上述のとおり、今や施設におけるネットワーク環境は過去と比べて整備されており、ここにもぜい弱性のリスクが存在します。具体的には、無線アクセスポイントやルーター等のネットワーク機器への不正アクセスリスクや、暗号化を伴わないデータの傍受などがリスクとしてあげられます。

また、インターネット活用のリスクとして、職員が予期せず受信メールアドレスから不正なファイルをダウンロードしてしまうことや、閲覧したWebサイトからランサムウェア被害につながってしまうリスクもあります。

●組織運営上のリスク

　昨今、情報漏えいにおいて、その原因がうっかりミスから確信犯的な内部不正に変わってきており、介護施設においても組織的にしっかりと情報を管理しなければ、そのリスクは免れません。職員の守秘義務契約や施設に出入りする外部委託先に対する情報管理も必要です。施設内で扱う情報は極めて秘匿性が高い情報であるため、潜むリスクに対してしっかりと対策を考える必要があります。後述しますが、各種ガイドラインで求められる情報管理上重要な４つの安全管理対策には、「組織的安全管理対策」、「物理的安全管理対策」、「人的安全管理措置」、「技術的安全管理対策」があり、過失だけでなく内部不正による情報漏えい等のリスクに対しても網羅的に検討が図られるように設計されています。

TIPs 9 確認しよう　施設の情報管理の現況　チェックポイント

図表3-3 施設の情報管理の現況チェックシート

運用面		技術面	
情報管理規程が整備されている。それはこの５年で見直しを行っている。	☑	館内のネットワーク環境は利便性やセキュリティを考慮し、定期的に見直しを行っている。	☑
運用は職員任せになっていない。情報管理規程が整備され運用が徹底できていて、職員向けの教育も定期的に行っている。	☑	施設内有線LANや無線環境に第三者が容易に館内ネットワークに侵入可能な状態になっていない。	☑
パソコンなどから個人情報にアクセスする際、本人しか知らない複雑なパスワード認証や二要素認証を取り入れ、容易に情報にアクセスできない状態になっている。	☑	パソコンやタブレット、スマートフォンが施錠管理されるなど厳重に管理され、簡単に盗難できない状態となっている。	☑
USBデバイスなどの使用を禁止する等、情報を簡単に持ち運べる状態になっていない。	☑	パソコンやネットワーク環境にセキュリティソフトやファイアウォール等の脅威対策が整備されている。	☑
情報管理責任者が任命されており、法人の取扱い情報を把握し管理している。	☑	職員以外の第三者がパソコンやタブレットに表示された個人情報ののぞき見ができないように対策がされている。	☑

3 介護施設が進めたい情報管理対策

(1) 個人情報取扱事業者として

　すべての介護施設は「個人情報取扱事業者」であり、「要配慮個人情報※1」の取扱事業者です。

　個人情報保護法第16条によると「個人情報取扱事業者」とは、個人情報データベース等を事業の用に供している者をいいます。つまり、施設で利用者の情報等を1名分でも介護記録ソフト等のシステムや表計算ソフトなどでファイル保存をしていれば該当します。

　また、すべての介護施設は「要配慮個人情報」も取り扱っています。要配慮個人情報はその名のとおり、個人情報よりさらに配慮が必要な情報であり、定められた取扱いルールに違反した場合、個人情報保護委員会（PPC）※2による指導や命令、さらにそれに従わない場合、刑事罰の対象となる可能性があり、厳重な取扱いが求められています。

　なお、**要配慮個人情報が含まれる漏えい事故の発生や、その恐れがある場合は個人情報保護委員会に報告することが義務付けられています**ので注意してください。

※1　要配慮個人情報

　個人情報の中でも取扱いについて特に配慮が必要な情報。

　本人の同意を得ない取得を原則として禁止しており、オプトアウト（いったん取得を行い後から拒否を引き受ける方法）による取得も認められていません。

　具体的には以下の情報が定義されていますが、介護施設としては既往歴や服薬情報、心身に関わる障害の状況等、日常で取り扱っている利用者の情報となります。

・人種、信条（政治的見解、信教）、社会的身分、病歴、犯罪被害の事実等

・「病歴」に準ずるものとして

　診療情報、調剤情報

　健康診断の結果、保健指導の内容

　障害（身体障害、知的障害、精神障害等）その他の心身の機能の障害等

・「犯罪の経歴」に準ずるものとして

被疑者または被告人として刑事手続を受けた事実等

※2　個人情報保護委員会（PPC）

2016（平成28）年1月1日内閣府の外局として設置され、公正取引委員会などと同様に独立性の高い行政組織であり、企業等の個人情報全般の保護・監督権限を所有しています。

個人情報の有用性に配慮しつつ、個人の権利利益を保護するため、個人情報の適正な取扱いの確保を図ることを任務としています。

⑵　今、介護施設が進めたい対策

このように、介護施設ではICTが幅広く活用されるようになり、またそれに伴うリスクも比例して増大しています。ここからは、介護施設が取り組むべき対策について解説をします。

●情報管理規程の整備

まず、規程の整備を進めましょう。これまで説明してきたとおり、介護施設には利用者の情報を守る責任があります。

規程があるということは、その存在自体が責任を果たすために法人が守るべきルールをしっかりと定めていることになります。逆に規程が存在しないということは、その責任自体を軽んじていることに他なりません。

また、規程が存在していて過失等が原因で情報漏えい等の事故が発生した場合と、規程自体が存在せず事故が発生した場合では意味合いが大きく異なります。いうまでもなく後者は起こるべくして起こった事故となり、単なる過失では済まされず、法人としては法人そのものやその役員に対して善管注意義務違反が問われ、発生した事故の損害の賠償責任は免れません。

もし、規程が存在しない、あるいは規程は存在するけれど数年更新がないような場合は、至急現在のICT活用状況や預かっている個人情報等の実態に合わせて、適切な形での情報管理規程を整備しましょう。

なお、厚生労働省は、医療や介護事業者に対し「医療情報システムの安全管理に関するガイドライン」（以下「ガイドライン」と表記）の遵守を推奨しており、ガイドラインといえども遵守しなかった場合は、「多くの法令等に違反したとみなされ、その罰則が適用されるおそれがある」（「『医療情報システムの安全管理に関するガイドライン　第

5.2版』に関するＱ＆Ａ」厚生労働省・2022年・Q-10より引用）としています。

> **TIPs 10** 医療情報システムの安全管理に関するガイドラインとは
>
> 「医療情報システムの安全管理に関するガイドライン」とは、
>
> 　　個人情報の中でも厳重な保護が必要とされる患者の電子カルテなどの医療情報
> を適切に管理するために国が定めたガイドラインです。ガイドラインの対象とな
> るのは、医療機関などで電子的な医療情報の取扱いに関わる責任者ですが、医療
> 情報共有の裾野が広がる中、ヘルスケアに携わる方に一度は目を通していただき
> たい情報をまとめました。このガイドラインは、患者さんの個人情報を守るため
> の基礎知識でもあり、個人情報保護法、e-文書法、医療法、医師法等を根拠とし
> て作成されています。（「医療情報連携ネットワーク支援Navi」厚生労働省より
> 引用）
>
> 　上述のとおり元々は医療関連分野に適用されるものでしたが、介護保険の解釈通知
> にも同ガイドライン等の遵守が求められるなど、現在その適用範囲は介護事業にもお
> よんでいます。

◉通常運用における責任と事後責任

　ガイドラインによると、利用者の情報を適切に管理するための善管注意義務を果たす
ためには、通常の運用時に情報保護の体制を構築し管理する責任（通常運用における責
任）と、情報漏えいなどの事故発生時に対処すべき責任（事後責任）があるとしていま
す。

　まず、通常運用における責任について、具体的には**図表3-4**に示した責任があり、
またそれらを定期的に見直し、改善を行う責任があるとしています。

図表3-4　通常運用における責任

説明責任	システムの仕様や運用を明確にし、それが機能しているか、またそれらが想定どおり運用できているかチェックしていることを説明する責任
管理責任	情報システムの委託先に対し、責任の所在の明確化や管理状況の報告を受けるなどして、委託先に管理を任せきりにせず監督を行う責任

　事後責任とは、情報漏えい事故等が発生した場合に取るべき責任のことです。具体的には**図表3-5**に示した責任があり、ひとたび重要な事故が発生すると、これらの責任を果たすため、多大な労力と時間を要することになりますが、要配慮個人情報まで取り扱う介護事業者にとっては、万が一のことを考慮し万全に整える必要があります。

図表3-5 事後責任

説明責任	事態の公表および原因と対策についての説明
善後策を講ずる責任	原因追及、損害補填、再発防止策の実施

●基本的安全管理

　介護事業者は、その利用者の個人情報等を適切に管理するために事業者が果たすべき義務があります。そのうえで個人情報保護関連各法に規定された安全管理が求められているとともに、利用者との信頼関係を構築・維持するために、情報管理に関する違反がないという事実に留まらず、どのような情報管理を行っているかの説明責任を果たすことが重要であるとガイドラインにも明記されています。

最低限のガイドライン

1. 個人情報保護に関する方針を策定し、公開すること。

2. 医療情報システムの安全管理に関する方針を策定すること。その方針には、次に掲げる事項を定めること。

　・理念（基本方針と管理目的の表明）

　・医療情報システムで扱う情報の範囲

　・情報の取扱いや保存の方法及び期間

　・不要・不法なアクセスを防止するための利用者識別の方法

　・医療情報システム安全管理責任者

　・苦情・質問の窓口

「医療情報システムの安全管理に関するガイドライン5.2版」厚生労働省・2022年より引用

●安全管理対策の整備

本項では前項で解説した、求められる安全管理の具体例として重要な4つの安全管理対策について解説します。

安全管理対策は、「組織的安全管理対策」、「物理的安全管理対策」、「人的安全管理措置」、「技術的安全管理対策」に分類されており、介護事業者はそれぞれの内容を理解し、その対策を備えなければなりません。

❶組織的安全管理対策

組織的安全管理対策とは、職員が適切に情報管理を行えるよう、情報の取扱いに関する体制や責任、そして権限を定めること、また、規程やマニュアルなどのドキュメントを整備し運用を行うことを求める対策です。

ガイドラインでは以下の事項を含み検討することとしており、管理責任や説明責任を果たすためにも運用管理規程を必ず整備することが求められています。

①安全管理対策を講じるための組織体制の整備

②安全管理対策を定める規程等の整備と規程等にしたがった運用

③医療（介護）情報の取扱い台帳の整備

④医療（介護）情報の安全管理対策の評価、見直しおよび改善

⑤情報や端末の外部持ち出しに関する規則等の整備

⑥端末等を用いて外部から医療機関等のシステムにリモートアクセスする場合は、その端末等の管理規程

⑦事故または違反への対処

組織的安全管理対策は4つの対策の中でも特に重要な対策であり、情報管理責任者の設置やルールの整備等、法人として組織的に情報管理を行ううえでは基本中の基本であるため、しっかりと内容についても検討を行い、適正な運用を心がけましょう。

❷物理的安全管理対策

物理的安全管理対策とは、個人情報を取り扱うパソコンやタブレットなどの設置場所の管理や、それらの機器の盗難や紛失防止といった物理的に情報の保護をすることです。

具体的には、以下のような対策を行い情報を守ることが求められています。

・事務所やケアステーション等のエリアに対しての入室管理、防犯カメラの設置

・外部出入り業者等へののぞき見防止

・パソコンへのワイヤーロック等、機器が持ち出しできないような対策

❸人的安全管理措置

人的安全管理措置とは、職員による情報の盗難や不正行為、情報設備の不正利用等のリスク軽減を図るため、職員への守秘義務の徹底や違反時の罰則に関する規定、そして情報を適切に取り扱い管理できるよう教育、訓練を行うことです。

昨今の情報漏えい事故において、その事故の原因は職員や退職者による情報の持ち出しなどに起因するものが増加しているというデータもあります。就業規則への秘密保持項目の反映といった形式的な整備だけでなく、日頃から情報に対する意識付けを啓発することも重要です。

具体的にガイドラインでは、以下の取組みを実施するように求められています。
・採用時の雇用契約への守秘義務に関する条項の付加
・職員への定期的な教育訓練の実施
・職員の退職時の個人情報保護ルールの整備

❹技術的安全管理対策

技術的安全管理対策は、その名のとおりセキュリティソフトや脅威対策機器等のテクノロジーの力を借り、情報を守る対策のことです。

情報管理というとまっさきに話題に上がる対策が技術的安全管理対策ですが、実は上述の3つの対策なくして脅威には対抗できません。本対策も重要ですが、これらを過信しないように他の対策もしっかり図りながら、適切な対策を行いましょう。

ガイドラインでは技術的な対策として**図表3-6**に示した項目について解説がされています。

利用者の識別・認証	個人情報等が含まれるシステムやサーバなどへの、使用者の識別と認証についての検討を指す。 具体的には、本人しか知り得ない複雑なパスワードや生体認証によるアクセスの実施、可能であれば二要素認証※の採用などが求められている。
情報の区分管理とアクセス権限の管理	知る必要のない情報は知らせず、必要のない権限は付与しないという考えのもとに、事業所が保持している情報ごとに、参照権限や編集権限を管理すること。 具体的には、介護記録システムでの権限管理や、ファイルサーバの特定フォルダへのアクセス権の設定などを管理すること。
外部のアプリケーションとの連携における認証・認可	ICTで使用するAPI等から、情報セキュリティ事故が起こらないように認証・認可等の仕組みを設けるなどの対策や、アクセスポリシーを明確にしたうえで、アクセスログを取り、管理するように求められている。
アクセスの記録（アクセスログ）	個人情報を含んだシステムへのアクセスなどは、すべてアクセスログを取り、ログを定期的に確認し不正利用等がないか確認する運用を求められています。またログ自体への不当なアクセスや改ざん等が行われないように対策を講じることが求められている。システムの管理を外部委託している場合においても同様に、管理方法を明確にしなければならない。
不正ソフトウェア対策	サーバやパソコン、スマートフォンやネットワークに対して、セキュリティソフト等を活用し不正ソフトウェアの侵入を防止するように求められている。また、導入したセキュリティソフトはパターンファイル等のデータを最新とする運用が求められている。その他にも使用するICT（特にクラウドサービスではない場合）にセキュリティ・ホールが生まれないようにパッチ適用等の対策を講じるなどを推奨している。
ネットワーク上からの不正アクセス	外部ネットワークからの攻撃等に対して、不正攻撃検知や不正攻撃の遮断をするような仕組みの導入を推奨している。また、ネットワーク上にぜい弱性がないかの診断を定期的に行い、必要に応じて対策を打つよう推奨している。
IoT機器の利用	IoTセキュリティガイドラインVer1.0（IoT推進コンソーシアム、総務省、経済産業省）で求められる、5つの指針（以下）に基づき、IoTの機器から情報セキュリティ事故が起こらないように管理をすることを推奨している。「IoTの性質を考慮した基本方針を定める」「IoTのリスクを認識する」「守るべきものを守る設計を考える」「ネットワーク上での対策を考える」「安全安心な状態を維持し、情報発信・共有を行う」

※　二要素認証
　パスワード等の知識要素、スマートフォン等の所有要素、使用者の身体的特徴を用いた生体要素（認証の三要素）の中から、異なる2つの要素を組み合わせて行う認証のことをいいます。
　具体的にはパスワード認証［知識要素］と、スマートフォンへのSMS通知[所有要素]を組み合わせることで、システムへログイン可能とする仕組み等があります。

⑶　情報管理の徹底

　今まで施設内で日常的に取り扱ってきた情報の重要性や、その情報を守っていくために必要な観点等をこれまでに解説しました。本書を手に取った読者の皆さんは、今後ますますICT活用を推し進めて行く施設の方であると思います。

　ICT活用はいうまでもなく便利で職場をより良いものにしていくでしょう。一方、本

項で取り上げた情報管理対策も、ICT化が進む中で自施設はもちろん利用者を守っていく観点で極めて重要なので、しっかりと取り組んでいきましょう。

　もし、これから情報管理規程の整備など積極的に情報管理について整備を進めていくということであれば、本項でも参照した厚生労働省が発行している「医療情報システムの安全管理に関するガイドライン」を参考にすることをおすすめします。また、情報管理規程の整備自体が初めてで、同ガイドラインが少し難しいと感じる読者は、IPAが発行する「中小企業の情報セキュリティ対策ガイドライン」を参考に整備を進めても良いでしょう。

図表3-7 情報管理の整備を進める際に活用できるガイドライン

医療情報システムの安全管理に関する ガイドライン	中小企業の情報セキュリティ対策 ガイドライン
厚生労働省	IPA（独立行政法人情報処理推進機構）
医療、介護事業者向け	特定の産業にかかわらず中小企業、個人事業主向け
https://www.mhlw.go.jp/stf/shingi/0000516275_00002.html	https://www.ipa.go.jp/security/guide/sme/about.html

可用性と完全性

　本項では情報管理において情報が漏えいしないように管理することを意味する「機密性」にスポットをあててきましたが、情報管理の必須要素としては「機密性」だけでは不十分です。本コラムでは情報管理の三大要素である「可用性」と「完全性」を取り上げます。

・**可用性**

　可用性とは、情報を使いたいときに使える状態に保つことを指します。具体的にはファイルサーバのバックアップとその復元方法の担保等があります。ファイルサーバが災害等で物理破損してしまったり、ランサムウェア被害等でファイルがすべて暗号化されてしまったときに情報が見れなくなっては困ります。そのためにバックアップをクラウド上に取るなど、事故が起こっても情報が使えるようにし、可用性を上げて行く必要があります。

・**完全性**

　完全性とは、管理する情報が改ざん等もなく常に最新で正確なものが保持されている状態を指します。具体的には職員名簿やメールアドレスの台帳等で、更新を怠ってしまうと、その管理された情報自体の正確性や信頼性がなくなってしまいます。管理する情報は正確に維持管理を行いましょう。

図表3-8 情報セキュリティの概念

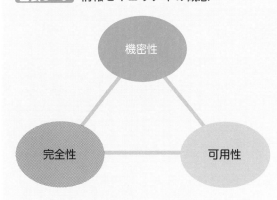

出典：「国民のための情報セキュリティサイト」総務省

第 4 章

運用の落とし穴

　ICTの活用プロセスにおいて、導入後の「運用」は、最も重要なフェーズです。第2章で解説した「導入にあたっての企画・準備」にかかる期間は、せいぜい半年から長くても2年程度ですが、運用は数年、場合によっては10年以上におよぶこともあります。どのように運用するかのイメージを明確に持ち、運用のフォローアップ、検証、対策を講じていかなければ、職員および利用者のために投資したICTを十分に活用することができません。

　そこで本章では、運用の落とし穴を回避し、より良く使うための方法を考えていきます。

導入後、すぐには結果が出ない（我慢の期間）

ICTを導入したからといって、すぐには結果が出ないものだと心得ておく必要があります。これは、すべてのシステムにあてはまる不変の法則です。

(1) 導入前に描いた夢

ICTやそれに伴うシステム（以下「ICT」と表記）の導入を決定するにあたり、通常、企画の段階では、さまざまな夢を描きます。ICTを導入すれば、生産性が向上する、利用者へのサービスの質が上がる、職員の満足度が上がる、離職率が下がるなどの夢の数々です。

これらの夢の大きさは、現状の問題や課題を解決するための切り札として導入を決定したICTに寄せる期待の大きさに比例します。また、ICTのメーカーやベンダー（販売業者）と導入の相談をするうちに、セールストークにも乗せられ、夢が大きく膨らみます。

確かに、ICTは現在直面している問題や課題を解決する可能性を秘めています。しかし、その可能性が開花するのは、ICTが現場に根づき、そのポテンシャル（可能性として持っている能力）を発揮したときです。その光景を想像して投資の判断をするわけですが、すぐには結果が出ないのが現実です。

ICT導入を決断した経営陣はもとより、現場リーダーや現場職員のすべてがこの現実を理解しておく必要があります。そうしなければ、ICTがうまく活用できないばかりか、最悪の場合、せっかく導入したICTがお蔵入りし、無駄な投資になってしまう恐れすらあります。

(2) ICT化我慢の曲線

ICTの導入直後は、期待した効果が出ないばかりか、生産性等も下がってしまうのが普通です。「前よりも効率が悪くなった」などとの不満が現場から聞こえてくることで

しょう。

　導入直後は、我慢のしどころです。現場で慣れない新システムを活用すると一時的に
生産性等が落ちますが、慣れるにしたがって回復し、やがて導入以前よりも生産性等が
上がってきます。これを著者は「ICT化我慢の曲線」と呼んでいます（**図表4-1**）。最
も生産性等が落ち込んだときに、諦めてしまっては、あまりにももったいないことだと
思います。

　なお、ここでいう「生産性等」には、ICT化で改善を図ることができる利用者へのサー
ビスの質、職員の満足度、離職率なども含まれると考えても良いでしょう（それぞれに
曲線のカーブは違うが似たような傾向を示す）。

図表4-1 ICT化我慢の曲線

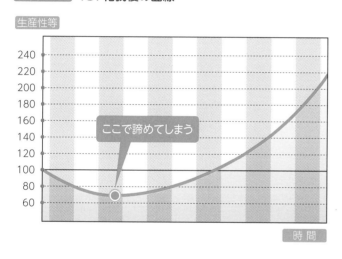

⑶ 現場との温度差

　経営陣を含め、ICTの導入を企画した側は、活用にポジティブなイメージを持っています。一方、実際にICTを使うことになる現場は、どちらかといえばネガティブなイメージを持っています（**図表4-2**）。

　ポジティブなイメージとは、上述したようにICTを活用すれば生産性が上がり、利用者へのサービスの質が上がり、職員の満足度が上がり、離職率が下がるなどの思い描いている夢によるものです。

　ネガティブなイメージとは、やり慣れた従来のスタイルを崩し、慣れない方法で業務を行うことになる負担からくるものです。

　ICTの運用にあたっては、導入を企画した側と現場にこうした温度差が生じることを十分に認識しておく必要があります。

図表4-2 ICT運用における企画側と現場との温度差

企画側はポジティブイメージ	現場はネガティブイメージ
生産性もサービスの質も上がるし…	忙しいのに、余計な仕事が増える…

⑷　過去の体験も影響

　過去に何らかの形でICTを導入した施設もあると思います。それが成功体験であれば、導入直後に生産性等が下がったとしても、「ここは我慢のしどころ」と頑張ることができます。

　一方、失敗を経験している施設の現場では、「また役に立たないものを入れた」などと、いわゆる「ICTアレルギー」が再発しがちです。

　特に現状の課題分析が不十分、導入の目的が不明確、活用のための組織づくりや教育体制を整備しなかったなどの準備を入念に行わないままに導入した、ICT技術の進化がまだ十分ではない時代に導入し効果が出なかった、行政のモデル事業やメーカーのすすめで必要性の検証なく導入した等の過去がある施設では、「導入すれども活用できず」というICTに関する負の体験が残っていることも少なくありません。過去に負の体験があると、ICT導入によるメリットが想像できず、現場はICTの運用に腰が引けてしまうのです。

　ICTの運用にマイナス要因となる負の体験も十分に考慮しておかなければなりません。

⑸　運用までの「山道」を共有する

　結果が出るまでにはある程度時間がかかるのが、システム導入の不変の法則です。現場にとっては、慣れない方法にチャレンジする期間でありながら、利用者へのサービスの質を落とすことはできないわけですから、慣れるまでの期間は業務負担が増えて、生産性も下がることになります。現場の職員にとっては、「苦しい山道」のように思えるのではないでしょうか。

　山道を登る期間は、数週間、あるいは数ヵ月になるかもしれません。ICTの導入を決めたトップや経営陣は、その山道の先にある輝かしく頂上に差す光を明確に示す必要があります。

　その際には、上述した「企画側と現場との温度差」や「ICT導入に関する負の体験」を十分に考慮に入れ、「我慢の期間」について現場に丁寧に説明するとともに、導入に伴う不安の声を具体的に聞き、慣れるまでの期間をなるべく短く、さらに、現場の負担をできるだけ少なくするような、フォローアップの方法を提示することが肝要です。

2 職員全員が ICTを活用するために

　一部の職員だけが活用したのでは、ICTの導入の効果は望めません。半数でもまだまだです。少なくとも職員の9割、できれば全員が活用できて、導入の目的を達成することができます。

(1) ICTリテラシーのバラツキに目を向ける

　リテラシーとは、本来は読み書きの能力の意味ですが、現在では「ある分野に関する知識やそれを活用する能力」（大辞林）と広がりを持って使われるようになりました。すなわち、ICTリテラシーとは、「ICTに関する知識があり、それを活用することができる能力」となります。

　ICTの開発組織でもない限り、どんな組織にもICTリテラシーの高い人と低い人がいます。平たくいえば、ICTリテラシーが低い人とは、ICTが苦手な人を指します。どんな組織にも、ICTが苦手な人は一定程度います。ましてや要介護の人の支援をもっぱらにする介護施設では、専門性は介護そのものにあるわけですから、苦手の人の割合は多いかもしれません。

　そこで、ICTが苦手な人たちにフォローアップを集中することで、ICTリテラシーの高い人と低い人のばらつきをなくしていくことができます。

(2) フォローアップの留意点

　現場における苦手な人のフォローアップは、得意な人が担当するのが効果的です。ここで配慮したいのは、フォローアップを担当する人の負担です。その際に考えておきたいのが、ICTが得意な人と苦手の人の比率です。

　たとえば、得意な人と苦手な人の数が5対5の場合は、マン・ツー・マンのフォローアップで済みますが、2対8になれば、得意な人1人で、4人の苦手な人をフォローアップする必要がでてきます（**図表4-3**）。

図表4-3 ICTが得意な人の負担に配慮する

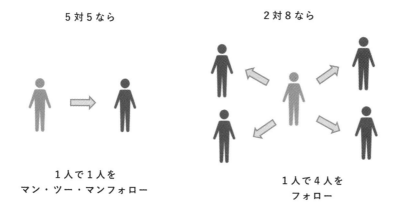

5対5なら

1人で1人を
マン・ツー・マンフォロー

2対8なら

1人で4人を
フォロー

　ICTが得意といってもICT教育のプロではありませんし、ICTのおもりをしたくて介護の仕事を選んだのでもありません。また、得意な人であっても新しいシステムに慣れ、使いこなせるまでにはある程度の時間がかかります。そこに、苦手な人へのフォローアップという仕事が増えるわけですから、フォローアップの必要がある苦手な人が多い場合は、負担がさらに大きくなります。

　フロアリーダーなどの管理者は、ICTが得意な人に過度の負担がかかっていないかに注意を払い、面談などでその状況のケアを行うとともに、サポートが必要な場合は、他部署や本部などから応援を要請するなどの対応を検討してください。

3 想定どおりに活用できているかを検証する

ICTの活用は導入したときからが本番です。導入に向けて練った企画で想定したとおりに運用できることが理想ですが、予想もしていない難題に遭遇することがあります。ただしそれは、適切な対処を行えばクリアできる難題です。そこで必要になってくるのが、随時の検証です。

(1) KPI設定

KPI（Key Performance Indicator）を直訳すれば、「鍵となるプロセスの指標」であり、日本語では「重要業績評価指標」と訳されます。すなわち、目標を達成するためのプロセスが適切に実行されているかを評価するための指標です。

ICTの運用で考えれば、「企画段階で想定したICT導入の目標を達成するためのプロセスが適切に実行されているかを評価するための指標」となります。ざっくりといえば、ICTの導入が成功したのかどうかを測る指標です。

●短期と中期のKPI設定

KPIを短期と中期で設定してみましょう。期間の捉え方は導入したICTの種類や目標で幅がありますが、短期は半年程度、中期は3年程度を目安とするのが一般的でしょう。いずれにしてもそれぞれの指標に基づいた点検が必要となります。

ICTを活用した見守り支援機器を例に、KPIを考えてみました（**図表4-4**）。短期ではICTの職員への浸透率に、中期では企画意図の達成度に焦点を当てるKPI設定です。

図表4-4 見守りのためのICT運用に関するKPI設定（例）

期間	点検頻度	指標	指標の意図
短期（半年）	1ヵ月ごと	・全職員のうち何人がICTを使っているか	・想定どおりに全職員が使いこなせているか ・フォローアップが進んでいるか
中期（3年）	1年ごと	・夜勤職員の休憩時間 ・夜勤職員の訪室件数 ・ヒヤリハット数	・想定どおりに休憩時間が増え、訪室件数が減り、ヒヤリハットが減少しているか

◉ KPI設定のメリット

KPIは連続する数値の変化に着目する定量的な指標なので、目標達成のプロセスを可視化することができます。

可視化した指標を現場と共有することで、現場職員のとるべき行動が具体化・明確化でき、ICTの活用に向けて足並みを揃えることができます。また、思いどおりに数値が上がらない場合は、数値の変化が対策を考える際の参考になるとともに、早めに手を打てるというメリットがあります。

◉ KPIをいかすために

KPI設定によるメリットを最大限にいかすためには、以下の留意点を押さえておく必要があります。

〔KPI設定や評価上の留意点〕

・導入したICTごとに設定する。

上述した例は、見守りのためのICTでしたが、ケアプランや個別援助計画作成のためのICT、介護記録作成のためのICT、介護報酬請求・介護記録・利用者情報管理などの一気通貫型ICT、多職種連携のための情報共有ツールとしてのICT、コミュニケーション円滑化のためのICT、Web会議ツールとしてのICT、事務コスト削減のためのICTなど、ICTごとにKPI設定を行います。

・モチベーションを高めるための設定をする。

達成不可能な指標、過大な業務負担を強いる指標、現場への説明不足で現場が納得していない指標、課題解決との関係が不明瞭な指標など、職員のモチベーションが高まらないような指標設定を避けるようにします。望ましいのは、達成可能な指標を提示することです。

・新しく加わった職員を意識した評価を行う。

短期のKPI設定で浸透率を測る指標については、半年たったから終了するというのではなく、新たに加わった新入職員や中途採用職員への浸透率を評価していくことも必要になります。

・複合的に達成度を評価する。

1つの指標の達成度だけに一喜一憂せず、ふかん的に達成度を評価することが大切です。見守りのためのICTに関する中期評価を例にあげれば、夜勤職員の訪室件数

が減り、休憩時間が長くなっているのにもかかわらず、ヒヤリハットの件数が増えたといった場合は、ICT導入の企画意図を満たしているとはいえず、何よりも利用者の安全性確保の面で、至急の対策が必要になってきます。

⑵　職員のストレスや満足度を評価する

ICTの多くは、生産性を上げる目的で導入されます。令和3年度介護報酬改定では、ICTの導入で特別養護老人ホームなどにおいて夜間の人員配置を条件付きで緩めることが可能になり、シフトによっては、従来よりも少ない人員配置で勤務することができるようになりました。この方針は今後、より進んでいくでしょう。

そんな中、ICTの導入で職員にストレスが募っていないか、利用者に不利益はないか、ICTへの満足度はどうかなどを定期的に観測することが求められます。

●定量的評価と定性的評価を組み合わせて検証する

定量的とは、連続する「数値」の変化で対象の状態を捉えることで、そのデータを基に評価を行うことを定量的評価といいます。

KPIの指標は定量的であり、上述したKPI指標に加え、残業時間、離職率、定着率などの数値の変化を捉えることで、多角的にICT導入の成果を評価することができます。同時に、職員のストレスや満足度が離職率や定着率に現れることもあります。

もちろん、職員のストレスや満足度は、数値だけで評価できるものではありません。たとえば、「離職」には、複数の要素が影響することが多く、離職という結果が現れる前に、さまざまな不満が蓄積しているものでしょう。

そこで必要になってくるのが、定性的評価です。定性的とは、数値で表せない「質」に注目します。代表的な手法として、現場の観察、面談によるインタビュー、記述で回答するアンケート調査などがあります。

職員のストレスや満足度の検証には、定量的評価だけではなく、現場観察、面談、アンケートを駆使するなど、定性的評価を組み合わせ、多面的に検証することでさらに精度が上がります。

◉定性的アンケートを検証の糸口とする

職員にICTを使いこなしているかどうかを調べるアンケート例を紹介します（**図表4-5**）。

このアンケートは、職員の悩みに寄り添うとともに、答えやすさに配慮した質問を並べています。また、記述部分を入れ、定性的評価に資するものとなっています。こうしたアンケートを記名式で行えば、ICTの使いこなしに困っている職員に対して面談が行え、ストレスなどを掘り下げ、効果的にサポートすることができます。

図表4-5 職員向け「ICT使いこなし」アンケート（例）

使いこなしアンケート

[問1] 〇〇機器の導入後、便利になったと感じますか？
①便利になった　②変化はない　③不便になった
　　＜③と回答した方＞
　　その理由：

[問2] 〇〇機器をよく使っていますか？
①毎日使っている　②たまに使っている　③ほとんど使っていない
④使っていない
　　＜③④と回答した方＞
　　その理由：
　　＜①②と回答した方＞
　　使用時に困ることはありますか？
　　Ⓐよくある　Ⓑたまにある　Ⓒほとんどない
　　　　＜ⒶⒷと回答した方＞
　　　　その理由：
　　　　そのときの対処方法を聞かせてください
　　　　㋑自分で調べる　㋺周りの職員に聞く　㋩メーカーに問い合わせる
　　　　㊁その他
　　　　　　＜㋩と回答した方＞
　　　　　　誰に聞いていますか：
　　　　　　＜㊁と回答した方＞
　　　　　　その他の内容を記入：

⑶ 「運用不具合」「仕様不具合」を検証する

　第2章で解説したFIT&GAP分析を徹底することで不具合の発生頻度を下げることが可能ではありますが、導入されたICTを使っていくと、さまざま不具合に見舞われることも少なくありません。この不具合には大きく分けて「運用不具合」と「仕様不具合」の2つの傾向があります。どちらも、「ICTの企画段階では予想しなかった不具合」といった意味では同様ですが、それぞれに特徴などで若干の相違があります（**図表4-6**）。

図表4-6 ICT活用における運用不具合と仕様不具合（例）

種類	共通イメージ	特徴	具体例
運用不具合	ICTを使ってみてわかる不具合	使い勝手の不具合	・施設内の通信環境により、機器にアクセスできないエリアがある（エレベータや階段室など）。 ・充電台が埋まっていて充電ができず、業務中に充電が切れることがある。 ・故障時に修理に出すと、代替機を受け取るまで機器を使用できないことがある。 ・土日祝にトラブルが発生した場合、復旧が翌月曜日以降になる。
仕様不具合		システムの仕様上の不具合	・インカムで通話中にセンサー通知を音で受けられると思っていたが、受けることができない。 ・すべての利用者情報の一覧を一括で出力できると思っていたが、個別出力の機能しかない。 ・セキュリティ上、仕方がないが一定時間を過ぎると自動ログアウトされ、パスワードを毎回入れなければならない。 ・必要な機能が付いていない。 ・使わない（必要のない）機能がある。

●運用不具合はなぜ起きるのか

　運用不具合の多くは、企画・準備段階での盲点です。その中には、24時間365日体制で業務を行っている高齢者施設であることを失念していた盲点もあります。実際にICTを使っていくと、そのような盲点が発覚していきます。

　多忙な日常業務において、「使えないエリアがある」「充電が切れる」「故障やトラブルの対応が遅い」などの使い勝手の悪さ（盲点）があると、現場でのイライラが募ります。

◉仕様不具合はなぜ起きるのか

導入したシステムで期待する要求をすべて実現できることは極めて少なく、使ってみて「この機能がなかった」などと気づくことは少なくありません。これは、導入したICTがパッケージ製品であることによる不具合です。

自分の施設のためだけにICTを設計し開発を行うのは、膨大な費用がかかります。そこで、比較的コストが安いパッケージ製品やクラウドサービス（以下「パッケージ製品」と表記）を選ぶのが現実的な選択となります。

パッケージ製品は、より多くの施設で必要な「汎用性」を重視して設計されます。それゆえに、あまり使わないものを含め使える機能が多い半面、どうしても足りない機能もでてきます。これは、施設ごとに業務スタイルが異なることに起因します。

必要な機能がなかったり、必要のない機能が付いていたりといった仕様不具合の多くは、パッケージ製品である以上、ある程度は避けられないものであることを知っておくことが必要です。

とはいえ、業務に支障があっては、ICTの活用にブレーキがかかってしまいます。放置すれば、

> なんて使いづらいんだ！

> こんな簡単な機能も付いていないのか！

などの不安が現場で蓄積していきます。

では、どうしても避けられない運用不具合や仕様不具合にどのように対処していけば良いのでしょうか。

◉不具合をその都度「記録」することから始める

ICTを活用する中で出会った運用不具合や仕様不具合を、ICTを使っているすべての職員が、その都度記録することから始めます。それにあたっては、職員に「使い勝手を良くしていくために記録する」旨を周知し、納得のもとに記録してもらうことが大切です。

そして、集まった記録を「運用不具合」と「仕様不具合」に整理し、必要な対策を講じます。

〔運用不具合、仕様不具合の記録に基づく主な対策〕

- メーカーなどに機能の追加やシステムの改善を求める。

　システムを開発したメーカーやベンダーもユーザからの声を待っています。使い勝手の良いシステムにするには、現場からの声が必要です。多くの声が集まれば、機能の追加やシステムの改善に結び付く可能性があります。

- 不具合の回避策や代替案を考える。

　とはいっても、すぐに機能の追加やシステムの改善が行われるわけではありません。施設独自のいわゆるローカルな要求であればなおさらでしょう。その際には、メーカーやベンダーとも相談しながら、不具合の回避策や代替案を考えていきます。オペレーションの工夫で不具合を回避することが可能な場合もあり、メーカーやベンダーがその回避策を提案してくれることも少なくありません。

- 必要な機能の追加も考える。

　パッケージ製品は、いくら汎用性が高いといっても、完璧に自施設の業務にフィットするわけではありません。パッケージ製品に対する機能の追加が不可能な場合や、オペレーションの工夫でも不具合を回避できない場合は、投資コストとその効果を測りながら他の製品で不具合を補うなど、必要な機能の追加を考える必要も出てきます。

TIPs 11 社内マニュアルの作成、社内wiki導入のすすめ

しっかり企画検討を行っても、導入後、期待どおりにICT活用ができないというケースは決して珍しくありません。

そのような中で、ICT活用により効果を十分に得ている施設にはいくつかの共通点があります。ここでは共通点の手段を2つ紹介しますので、活用を検討してはいかがでしょうか。

①特定製品をどのように使うかわかる個別マニュアルが存在する［社内マニュアルの作成］

体格が良いなど特定の利用者をベッドから車いすへ移乗支援を行う際の移乗ロボット活用マニュアルを整備するといった、メーカーが標準で用意しているマニュアルでは不足しがちな情報を「社内マニュアル」として整備します。マニュアルは個別の利用者像に合わせて、機器を使用する際に注意すべきポイントを網羅しましょう。

このようなマニュアルがあれば、誰がその製品を使っても同様の効果が出せるようになるでしょう。

②マニュアルや社内ルールの情報が一元管理されている［社内wiki導入のすすめ］

上述のマニュアルや社内ルールといった、職員が随時参照する情報は「簡単に」「探している情報にアクセス」できることが重要になります。

紙のマニュアルは閲覧性が高いものの、書棚にしまっているようならそこまで見に行く手間もかかりますし更新も面倒です。そこで活躍するのが「社内wiki」というツールです。Wikipediaの社内版のようなものだと想像してください。

社内マニュアルや、勤怠ルールなどの職員にとって固定化された情報をWebページとして一元管理することができます。Webページですから、パソコンやスマートフォン等でどこからでも閲覧が可能になります。さらに情報更新も管理画面から容易にできます。

「社内wiki」ツールも多くの製品があるため、導入の際には自施設に適したものを検討しましょう。

　過去、業務用ソフトウェアの多くは事業所内にサーバを設置し、事業所内の各パソコンからサーバ内のアプリケーションを参照して使用する「オンプレミス型」というスタイルが主流でした。

　それに対し、現在業務で使用する多くのソフトウェアは、インターネット上にサーバなどの資源を配置し、多くのユーザで共有して使用する「クラウド型（またはSaaS）」が主流です。

　旧来の「オンプレミス型」でソフトウェアが提供されていた時代は、事業所ごとにサーバが設置されていたこともあり、ソフトウェア会社が事業所ごとの要望に対し、カスタマイズに応じるケースも少なくありませんでした。

　一方、現在主流の「クラウド型（SaaS）」は、上述のとおり不特定多数のユーザが共有して使用することで、規模の経済をいかしてコストメリット等を出すスタイルであり、特定のユーザのためにカスタマイズすることはほとんどありません。

　たとえば身近なSaaSとして、Googleが提供するGoogleカレンダーやGmailといったサービスがありますが、仕様変更の多くは多数のユーザからの要望によるものであり、個別の要望にしたがって仕様を変更することはまずありません。

　上述の例えはやや大きな話ですが、クラウド型で提供するソフトウェアの基本的な考え方に変わりはなく、原則個別要望によるシステム変更はありません。これは現在、介護の業務で使用する介護記録ソフト等のサービスにおいても共通する考え方です。

　本書では、運用不具合時の対応として、メーカーへの機能追加や改善要望について触れていますが、ユーザとして声を上げることは重要なものの、それには過度な期待はせず、運用で不具合を回避することを最優先で検討しましょう。

4 運用管理委員会を作り、改善を推進する

ICTをすべての職員が活用でき、しかも使い勝手の良いシステムにするためには、検証の結果を改善につなげる仕組みが必要です。その仕組みとして、「運用管理委員会」の設置をおすすめします。

(1) 運用管理委員会の性格

運用管理委員会は、導入されたICTが期待どおりに円滑に運用されているかを測り、対策を講じることを目的に設置します。第2章で見た「業務改善委員会」との違いを簡単に整理します（**図表4-7**）。

図表4-7 業務改善委員会と運用管理委員会の違い

種類	視点	目的	構成メンバー
業務改善委員会	業務全体	定期的に業務のムリ、ムダ、ムラを見つけ、ICTの導入を含めて対策を講じる。	副施設長などを委員長とし、管理者を含め、業務を熟知した多職種のベテラン職員で構成する（5～10名）。
運用管理委員会	ICTシステム	システムに焦点をあて、ICTが期待どおりに運用されているかを測り、対策を講じる。	フロアリーダーなどを委員長とし、職員への気配り、情報整理、メーカーなどとの調整能力の高い人で構成する（2～3名）。

(2) 運用管理委員会の役割と仕事

ICTを職員全員が使え、使い勝手の良いものにしていくために活動します。主な仕事は以下のとおりです。

〔運用管理委員会の主な仕事〕

• **現場のフォローアップ体制の点検と改善提案**

現場では、得意な人が苦手な人をフォローアップする形がとられます。アンケート調査（**図表4-5**）や現場へのヒヤリングなどで、フォローアップする側、される側

の現状を点検していきます。そして、問題・課題を見つけ、業務改善委員会や管理者などに、現状、問題・課題、可能なら改善策などを提案します。

- **運用・仕様不具合の記録と整理の仕組みを設計**

  使い勝手の良いICTにするために有効な運用・仕様不具合の記録と整理の仕組みを設計し、業務改善委員会や管理者などに提案します。記録の整理については、業務過多にならないように、必ずしも運用管理委員会が行わなくても良いでしょう。

- **アンケート調査の設計と実施**

  現場でのフォローアップ体制の点検も含め、ICTについての満足・不満足度、運用上の問題や課題、改善要望などを調査するアンケートを設計し、実施します。

- **メーカーやベンダーとの連携**

  アンケート調査、ヒヤリング、運用・仕様不具合の記録整理などを基に現状の問題や課題を取りまとめ、メーカーやベンダーとの間で定期的に開催される連携会議などに参加します。

  また、メーカーやベンダーとのコミュニケーションを日常的に密にとり、たとえば、新しく追加された機能などを、いち早く現場に伝えます。ソフトウェアは、バージョンアップが常に行われています。せっかく便利になった機能を知らないままに使い続けることがないようにすることも運用管理委員会の役割です。

- **定期的な研修の検討**

  ここでいう研修とは、第2章で紹介した導入にあたっての研修（情報セキュリティの研修、ICT全般のリテラシーアップのための研修など）とは異なり、導入されたICTに関する研修です。

  それらをどう使うのか、誰がどのようにいつ入力するのか、使い方に困ったときはどうするかなど、ICTをより良く使えるようにする研修です。ICTの活用にあたって、今現場に必要な研修を考え、業務改善委員会などに提案していきます。

- **業務改善委員会へのフィードバック**

  繰り返し述べてきましたが、運用管理委員会の重要な役割は、業務改善委員会に現場の現状や声をフィードバックしていくことです。

  ICTは、生産性を上げることでサービスの質が高まり、利用者と職員の満足度を向上させることを目的に導入されます。その根底にあるのが、現状の業務の改善です。

  運用管理委員会のメンバーは、現場と業務改善委員会のつなぎ役となり、現場がICTを円滑に活用でき、ICT導入の目的がいち早く達成されるような使命を担います。

第 **5** 章

介護施設に 求められるICT機器

　本章では現在、施設で特に活用が進んでいる４つのカテゴリーごとに製品を取り上げ、実際に現場でどのようにそれらを活用して効果を上げているのか、事例を交えて紹介していきます。また、事例の前にある製品紹介では、各メーカーが自社製品の特長を紹介しています。あわせて参考にしてみてください。

1 IoT（見守り支援機器）

(1) 機器の特徴・活用シーン

　現在、介護施設向けのICTにおいて導入が盛んなカテゴリーの一つがIoT（見守り支援機器）製品です。

　本カテゴリーは開発を行うメーカーも年々増加しており、メーカーごとにそれぞれ特徴があります。従来は、転倒検知やベッドからのずり落ち検知など、事故リスク軽減目的の製品が大多数でしたが、現在はベッド上で睡眠の質やバイタルを計測することができる製品や、ベッド外も含む室内の行動を分析することができる製品、ドアセンサー等も活用した居室から廊下への移動検知ができる製品など、多種多様なIoT製品が生まれています。

　具体的な活用シーンもバラエティーに富み、主たる機能である見守りでは、ベッド上の体動や呼吸数などを検知することで、利用者が夜間帯に安眠できているか確認できるため、職員の訪室頻度を下げながら巡回の質を上げるような試みがされています。

　また、居室内の行動検知や分析を行うことで、利用者の転倒等のリスクについて人の手に頼らず確認できます。さらに温度センサー等を組み合わせることで居室全体が快適な環境かどうかわかるようになることで職員が随時気にする必要がなくなる活用方法も進んでいます。

(2) 選定のポイント

　IoT（見守り支援機器）製品は、上述のとおり非常に多くのメーカーから製品がリリースされていて、最も導入検討が難しいカテゴリーです。また、施設内の無線工事なども伴うことが多く、介護施設が導入するICTの中では導入コストが高額になるため、しっかりと製品比較を行いましょう。とはいえ、導入を検討する際にはすぐに製品の比較に入らず、第2章で解説したとおり自施設で何を実現するのか（どのような課題を解決するのか）を明確にし、それらの課題が製品導入により解決されるか否かを評価するとこ

ろから進めてください。

　導入機器そのものやそれに伴うネットワーク工事等の導入費用が想定以上に高額になる場合は、導入を一部のフロアに留めるなど、部分的な導入を検討するのも良いでしょう。また、見守り支援機器は「ロボット技術の介護利用における重点分野」※ということともあり、補助金などの活用も視野に入れて検討することが重要になります。

　IoT（見守り支援機器）製品は、費用面を考えても長期的に活用することになるので、導入後のフォローアップや保守の品質等、メーカーのサポート体制も検討材料に含めましょう。

※「ロボット技術の介護利用における重点分野」
　厚生労働省と経済産業省が定める、利用者のQOL維持・向上と職員の負担軽減の実現を図ることを目的としたロボット技術の重点分野のこと。

HitomeQ ケアサポートは行動分析センサーから取得する映像やデータを活用し介護過程全体をDXするサービスです。

直上からの映像データで事実に基づくアセスメントや計画立案をサポートし、利用者の行動に応じたリアルタイムの映像通知やデータから個別ケアと客観的なアウトカム評価を実現します。

居室天井に設置した行動分析センサーが、24時間365日、直上からの映像とデータを収集し、居室の家具などの情報をかけ合わせることで、利用者の行動の特徴や生活リズムの変化を捉えることができます。

こうした利用者の行動変化の把握に加え、入所間もない利用者の状態把握もデータを中心とした情報交換が可能となり、多職種での連携を円滑化し、最短で最適なケアやリハビリの提供に役立ちます。

また日々のケアでは、利用者の行動起点によるリアルタイムの映像通知から状況に応じた優先順位付けや判断を行うことができ、業務を効率化するだけでなく、利用者の状態に合わせた個別ケアや想像に頼らない事実に基づく転倒対策などさまざまなシーンで活用することができます。

IoT（見守り支援機器）

事例 1
映像データを活用したケアで訪室回数の減少とケア品質の向上へ

ここに注目

◆ 転倒事故の原因が特定できず、エビデンスを取得したかった

◆ 利用者の動きを起点とした映像通知で、訪室タイミングの適正化を図れた

◆ エビデンスの動画を職員の教育にも活用

施設の概要

施 設 種 別	介護老人福祉施設
法 人 名	社会福祉法人史明会　特別養護老人ホームLino
職 員 数	93人
利 用 者 数	入所85人/短期10人
事 業 種 別	介護福祉施設サービス事業/短期入所生活介護

抱えていた課題

　社会福祉法人史明会 特別養護老人ホームLino（以下「同施設」と表記）では、居室内で発生する転倒事故の原因がしっかりと特定できず、適切な対策につなげられていませんでした。そして原因がわからないため、家族への具体的な説明もできず、**転倒対策に課題を抱えていました。**

　また認知症の利用者はナースコールが使用できないため、不要な訪室が多くなり、職員の業務負担になっていました。

導入の決め手

　同施設は課題を解決するために、居室内で生じる転倒事故の原因解明やエビデンス取得を目標に、ICT導入を決定し、機器選定から施設一体となって進めました。

その結果、同施設は見守り支援機器であるHitomeQの機能が施設の課題解決のために最適だと考え、導入を決定しました。特に下記の機能に大きな魅力を感じました。

❶直上からの映像のため死角がなく居室全体が見渡せることや夜間の映像も鮮明なこと

❷利用者の動きを起点とした映像通知のため、認知症の利用者がナースコールを使用できなくても、訪室タイミングの適正化を図れること

❸不要な訪室が多く、ケアの時間を圧迫していたが、映像通知で居室の状況を確認し判断できるので、職員の負担軽減につながること

 ## 導入コスト（目安）

・初期投資　約800万円/20床（施工費含む）　※導入当時

活用の成果

同施設では、居室内での転倒事故が一番の施設課題でした。すべての転倒事故をゼロにすることは難しいものの、「未然に防ぐことのできる転倒」を察知するために、転倒の危険性の高いベッドからの起床・離床時の映像通知、転倒時のエビデンス動画は価値のある検討材料になりました。さらに転倒事故の原因特定や再発防止策の立案、家族への説明にも役立ち、職員の精神的な負担の軽減にもつながったと実感しています。

また不要な訪室が導入前の5分の1に減少し、職員の負担軽減とケアの時間拡充の両立が実現できたことも大きな成果です。

転倒前後の様子

他にも、エビデンス動画を職員の教育に活用しており、リーダー層が職員のケアの映像を見てアドバイスをすることで、利用者の内出血といった細かい傷が減るなど職員のスキルアップやケアの質向上に役立っています。

運用にあたって苦労したこと

　現場に混乱が生じないように、職員全員に施設の課題を解決するためにICTを導入するという目的を意識的に伝えました。機器選定にはフロアリーダーをメンバーに加え、さまざまなサービスを施設で試し、その都度「エビデンスを取るためにICTを導入する」、「現場の負担を軽減する」という導入目的を何度も共有しました。

　ケアをするうえで利用者が第一なのは大前提ですが、それは職員がいて初めて成立することなので「利用者を大事にするのと同じだけ職員のことも大事にする」ということを念頭において進めました。

　実際の運用にあたっては、現場の責任者に加え、機器操作の習熟が早い若手メンバーを中心として運用を進めるように工夫したところ、職員間でノウハウを共有する環境づくりができ、ベテランを含めた職員全体が積極的に活用できるようになりました。

ワンポイント

・映像と行動分析を最大限活用した見守りを実現した事例です

・現場に導入目的の意識共有を徹底したことが成功のカギに

事例 **2** 見守り支援機器で得たデータを
職員のスキルアップに活用

！ ここに注目

◆月々の人件費をICTに投資するという考えのもと、補助金を使用せず月額制で導
　入し、導入前より収支をプラスにした

◆映像データから職員が「気づき」を得て、それをケアに活用する良いサイクルが
　回せるようになった

◆職員の半数以上が職種未経験で採用され、施設の中心を担っている

施設の概要

施 設 種 別	介護老人福祉施設
法 人 名	社会福祉法人日野友愛会　特別養護老人ホーム 千松の郷
職 員 数	65人
利 用 者 数	80人
事 業 種 別	介護福祉施設サービス事業

抱えていた課題

　社会福祉法人日野友愛会 特別養護老人ホーム千松の郷（以下「同施設」と表記）で
は10年、20年先の人材不足を課題と捉え、今まで以上に職種未経験者が介護に取り組
みやすくなるよう、さらなる業務効率化や現場の負担軽減を目指していました。Wi-Fi
環境を整備し、睡眠センサーやタブレットを導入するなどさまざまな試みを進める中で、
ナースコールが老朽化してきたことをきっかけに施設全体へのICT導入の検討を始め
ました。

　また、同施設では職員の半数以上が職種未経験で採用され、その傾向はこれからも続
くことが予想されていたため、職員のスキルアップも必要でした。

導入の決め手

同施設は業務効率化・負担軽減、職員のスキルアップに資するICTとして、HitomeQを導入しました。

選定理由として特に大きな要因になったのは、初めて見たときに「現場が使いやすそう」と直感的に思えたことです。ICTなどを使い慣れていない職員でも、感覚的に使えるように工夫されていて、すぐに施設になじみそうだと思いました。

また通知を受けるだけでなく、日々の業務から取得したデータを今後のケアにも活用できるため、職員のスキルアップにも最適でした。

さらに利用者の行動起点で通知されるため、監視カメラのように常時記録されておらず、利用者のプライバシーにも配慮されていたのが良かったです。

導入コスト（目安）

・月額約60万円/80床（初期投資なし）　※導入当時

活用の成果

同施設では、以前はシフト勤務の職員に加えてサポートの人員を入れていましたが、HitomeQの導入により業務効率化が図れて不要になりました。その他、産休や育休明けの時短勤務の職員もいる中、業務を負担なく回せるようになったうえに、最終的には収支がプラス40万円程度生まれています。

またライブ映像を活用することで、居室内で利用者が「どれくらいの」、「どのような」行動を取っているか把握できるようになり、従来「転倒してしまうかもしれない」と不安先行のケアだった職員も、導入により利用者を憶測で判断せずに「今」時点の利用者の状態に合わせたケアが提供できるように変化してきたことも大きな成果だと感じています。さらに職員自身が利用者の行動に基づく「気づき」が増え、それをケアに活用して成功体験を得る良いサイクルができました。

月1回の多職種の会議では、ケアコールや各種通知数を基に翌月の計画立てや、転倒

動画を確認して対応の見直しを行っています。今まで職員の記憶やメモなどに頼って行っていた会議のうち、半分がデータ中心の議論となったので「何を改善してどこを目指すのか」が明確で、職員全体が共通認識を持てるようになり、意識の部分でも大きな変化が生じたと実感しています。

運用にあたって苦労したこと

　同施設は若い職員も多くICTに対する抵抗感が少なかったこと、またHitomeQ導入にあたりベンダーから手厚いサポートがあったため、スムーズに運用を進めることができました。データをケアに活用していく試みは初めてでしたが、理事などの経営陣も入りながら、現場にどのような観点で使っていくと良いかということを議論しながら進めることで、施設全体に試みを浸透させることができました。今まではどうしても判断材料が職員の見立てのみでしたが、映像データや生活リズム、通知数やコール数など数字で客観的に可視化され裏付けされるため、利用者の状態に合わせた転倒対策や個別ケアの計画が立てやすくなっています。

　また同施設では施設長をはじめ職種未経験の職員が多いものの、HitomeQを活用することで業務が効率化されて、訪室に追われることはありません。さらには映像通知を見て、利用者の行動特徴を吸収していけるので職員の成長にも役立っています。

🖐 ワンポイント

・職員による映像（データ）に基づいた分析が現場の意識変化につながっています
・映像をどのように活用するか議論したことが職員への浸透のポイントに

事例3の製品紹介

「まもる～の」のコンセプトは「本人が使いやすいアプリ」です。私たち開発者はいかに無駄な機能を少なくしつつ、現場ファーストな利用体験をしてもらえるかを常に考えています。①利用者のプライバシーに最大限の配慮をした見守りを追求すること、②ケアする人の負担を最大限に減らしつつも、安心できる通知をコントロールすること、③介護現場のリアルに向き合い続け、常に使いやすさを日々アップデートし続けること、以上の3点をポイントとして開発してきました。

開発後も導入いただいたうちの全国50施設に直接訪問し、使いやすさや改善してほしい点などをヒヤリングし続けて、2ヵ月に1回はアップデートを行っています。そこで見えてきた重要な点は「リアルタイムで欲しい情報量」と「通知の量」をデザインすることでした。

たとえば、特別養護老人ホームであれば少ない職員で大勢の利用者をケアするため、利用者が多くてもボタン一つで表示を切り替え、見守る範囲の通知設定もできるようにしています。一方でグループホームや小規模多機能型居宅介護施設などは、個別ケアに注力できるようヘルスレポート機能を充実させて、ケアプラン作成にも活用できます。多様な施設での実績から、各施設種別に合わせた活用方法を追求しています。

事例 **3** 夜間巡回業務の負担軽減で職員の
働きやすさ、利用者のQOL向上を実現

 ここに注目

◆ 夜間業務の負担等が原因で採用活動に苦労していた

◆ 導入したことにより、夜間巡回が6回から2回に減った

◆ 介護職員の環境改善が、利用者のQOL向上につながった

◆ 単なる効率化ではなく、現場のオペレーションを根本から改革した

◆ 見守り支援機器を活用できるか否かは、はじめの6ヵ月が重要

施設の概要

施 設 種 別	住宅型有料老人ホーム
法 人 名	リゾートタウンふれあい波田
職 員 数	20人
利 用 者 数	49人

抱えていた課題

　リゾートタウンふれあい波田（以下「同施設」と表記）は**夜間業務の大きな負担**が原因で、介護職員の採用に大きな課題を抱えていました。

　施設を開所した当初は「利用者の満足度」に焦点をあてた運営方針でしたが、介護職員の採用が十分ではなく、その方針を「職員にとって魅力的な職場への環境改善」へ方向転換する必要性を感じていました。

　特に**夜間業務の大きな負担を改善すべく**、ICTの活用を前提に検討を始めましたが、既に在籍していた介護職員の中でICTが得意な職員が少なかったため、介護職員が「無理せず働ける場所」を目指しながら、「実践しやすい」ことも加えて対策を検討することになりました。

導入の決め手

　同施設は課題である夜間業務の負担を軽減する施策として、見守り支援機器の導入を決めました。導入によって、夜間業務の中でも特に負担になっている巡回業務について、負担が軽減されることを期待しました。また、センサーによって利用者の状態を把握することで、ケアの質の向上にも期待しました。

　数ある見守り支援機器の中でも、「まもる～の」を導入したのは現場視点で画面デザインが洗礼されていてICTが得意ではない職員でも使いやすいように工夫されているからです。

　機能面でも、エアバックセンサーの精度が高いため、現場がセンサーを信頼して見守りに活用できることを見込めました。また夜勤から早番へ引き継ぎする際に、利用者の睡眠レポートを参照できることも良かった点です。さらに「ナースコールアプリ」と「介護見守りアプリ」を1台のスマートフォンに集約できることも決め手になりました。現場では介助をしながら他の利用者も意識しなければなりませんので、片手でサッと確認できることが重要でした。

 ## 導入コスト（目安）

〈本体購入〉1床あたり（税抜き価格）

・初期本体費用　　　13万円～／1床あたり

・月額クラウド利用料　800円～／1床あたり

〈サブスクレンタル〉1床あたり（税抜き価格）

・サブスクの本体レンタル　月額4,500円～

・オプションのレンタル　　月額500円～

活用の成果

　夜間巡回業務が6回から2回に減り、職員の負担が大幅に減りました。「まもる～の」導入前、夜勤職員は2時間ごとに49人の利用者の部屋のドアを開けて、目視で確認していました。「まもる～の」を導入し、オペレーションを変更したことで、19時・23時・1時・3時の巡回を廃止することができ、現在は、21時と朝4～5時の2回のみ巡回

するようにしています。

　もちろん、夜間に転倒する恐れがある利用者は、オプションセンサーを活用して即時対応できるようにし、さらに見守りカメラも活用して安全を確保しています。

　また、ぐっすり休んでいる人の部屋にむやみに入ることは、かえって睡眠の質を下げてしまうことになるため、介護度によって通知の種類をカスタマイズして運用することで不要な訪室を減らしています。

　職員の採用面接の際にはICTの活用で「安心して働ける職場を実現できている」ことを説明すると、若い世代を中心に興味を持ってもらえているように感じています。

運用にあたって苦労したこと

　今まではナースコールと離床センサーのみで対応してきたこともあり、正直なところ、見守り支援機器を導入してもセンサーを信用することによって事故が起きるかもと恐れる職員が多く、通知がなくても心配になって今まで通りの巡回をしていました。

　そこで導入にあたっては「ICT推進チーム」を3名体制で構築し、積極的にメンバーに声かけをしながらツールに慣れていきました。今まで慣れていたオペレーションから新しい運用に変えていくには、どうしてもトラブルはつきものです。はじめの頃は反対する介護職員もいましたが、全職員が活用できるようじっくりと6ヵ月ほどかけて運用を進めていきました。

　最初はアプリの使い方や通知に気づくまで時間がかかっていたので、インカムも活用してコミュニケーションをとることを意識しました。また定期的に活用を目的とした推進会議を開催するなど、オペレーション改革への計画的な取組みが功を奏し、現在は職員にとって働きやすい環境の整備につながっています。

ワンポイント

・スマートフォン1台でナースコールと見守り支援機器を運用している事例です
・ICT活用の先駆的な事例は職員の採用にも貢献します
・センサー機器だけに頼らず、他の製品も組み合わせて活用することで高い効果を実現しています

事例4の製品紹介

　本システムは体動センサーをマットレスや敷き布団の下に敷いて、体動（寝返り、呼吸、脈拍など）を検出、システムを介して利用者の睡眠・覚醒・起きあがり・離床などをスタッフルームのPCや携帯端末にリアルタイムで表示します。そして測定結果を活用して利用者の状態に合わせたタイムリーな個別ケアの提供が期待できるシステムです。本システムには大きく3つのポイントがあります。

●運用イメージ

❶リアルタイムモニター機能（見守り）

- 目の届きにくい夜間に利用者の状態を見える化
- 利用者の状態に合わせた訪室や個別ケアに活用

❷睡眠日誌（アセスメント）

- 睡眠習慣（生活習慣）の見える化
- 利用者の睡眠／生活習慣の改善結果の検証ツールとして活用

❸呼吸／心拍日誌（体調管理）

- 呼吸数／心拍数の推移の変化から体調変化に気づきやすくなる
- 職員間のコミュニケーションツールとして活用

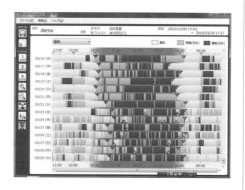
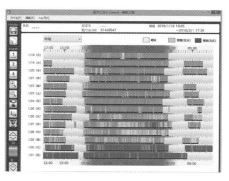

※画像提供：パラマウントベッド株式会社

事例4 見守り支援機器で利用者の転倒・転落事故の40％減を実現

 ## ここに注目

◆ 夜間巡回のオペレーション変更を通じて、利用者の安眠への配慮もできて、夜間休憩も取りやすくなった

◆ 居室内での転倒・転落事故が40％減少

◆ 「夜勤時の不安が払拭され、精神的・身体的な負担が軽減された」等、職員のアンケート結果で高い評価を得た

施設の概要

施 設 種 別	介護付き有料老人ホーム
法 人 名	遠州鉄道株式会社
職 員 数	630人
利 用 者 数	431人
事 業 種 別	短期入所生活介護

抱えていた課題

　遠州鉄道株式会社（以下「同社」と表記）では、「すべての人の『心ゆたかに楽しく暮らす』をお手伝いします」という基本理念のもと、利用者に「より安全に安心して楽しく」暮らしてもらうことを考え、それを実現するためにサービスの向上を常に考えています。

　そこで同社は、**利用者の生活を向上できて、かつ職員の業務負担の軽減を通じて、さらなるケアの質向上**につなげることができるシステムを探していました。

導入の決め手

　同社は、良い睡眠を取ることができ、安全に過ごせることが利用者のQOL向上につ

ながるのではないかと「利用者の睡眠」に注目しました。そこで「利用者の睡眠」に配慮した夜間の巡回業務に見直し、また、その見直しによって職員の業務負担の軽減につなげられるのではないかと考え体動センサーを用いた見守り支援機器を選定しました。また、このICTにはランニング費用がかからなかったことも選定の後押しとなりました。

 導入コスト（目安）

・全9ホーム431室に導入しており、導入費用として数千万円を投資
・オプション契約の保守契約に未加入のため、ランニング費用はかかっていない
・無線LAN（Wi-Fi）環境の整備費用は、1事業所あたり数百万円

活用の成果

見守り支援機器を導入したことにより、利用者の睡眠状況をリアルタイムに把握できるため、夜間でも効率的な見守りが可能となり、職員の身体的かつ精神的な負担が軽減されました。また、不要な訪室が減ったことで利用者もより快適で安全に過ごすことができるようになりました。

また職員の負担軽減の面では、夜間の巡回回数の見直しを実施し、従来の2時間に1回「室内に入り呼吸状態を確認」の夜間巡回を0時に1回実施に変更し、20時と4時には「ドアを開けて様子を確認」、22時と2時には「リアルタイムモニターを確認」という夜間巡回に変更することができました。

時間	従来	導入後
20:00	室内に入り、呼吸状態を確認	→ ドアを開けて様子を確認
21:00		
22:00	室内に入り、呼吸状態を確認	→ リアルタイムモニターを確認
23:00		
0:00	室内に入り、呼吸状態を確認	→ 室内に入り、呼吸状態を確認
1:00		
2:00	室内に入り、呼吸状態を確認	→ リアルタイムモニターを確認
3:00		
4:00	室内に入り、呼吸状態を確認	→ ドアを開けて様子を確認
5:00		

その結果、「利用者の安眠への配慮」ができるとともに夜勤職員の「夜間休憩が取得しやすくなった」という成果を創出することができるようになりました。

　またリアルタイムモニターおよび通知の活用を通じて検証した2ホームでは、転倒・転落事故も低減することでできました。

○介護付有料老人ホームラクラス広沢レジデンス

　導入前12.3件／月→導入後7.5件／月

○ラクラス豊橋南汐田ショートステイ

　導入前　6.3件／月→導入後3.3件／月

　職員へのアンケートでも「夜勤時の不安が払拭され、精神的・身体的な負担が軽減された」、「先手のケアができ、事故の減少を実感できている」、「覚醒時にケアができるため、不穏行動につながりにくくなった」等、好意的な評価を得ています。

　また睡眠日誌や呼吸・心拍日誌をより活用できるようにケアコネクトジャパン社CAREKARTEと連携することで、見守り支援機器を他の記録と突合して確認できるようになり、業務効率化を実現しました。

　これらの成果を得られたことで「働きやすい職場」として、求人の際に自信を持ってアピールできるようになったのも成果の一つです。

運用にあたって苦労したこと

　見守り支援機器を現場に導入しただけでは離床センサーとしての使い方に留まってしまい、体動センサーから得た呼吸・心拍データを活用できるようになるまで時間がかかっていました。そこで、同社は活用方法を具体的な行動レベルに落とし込み、オペレーションの変更を行うことで見守り支援機器の活用を現場に浸透させました。

　同社では、9ホームすべてに導入しましたが、各ホームの活用度合や導入効果の創出にバラツキがあるため、他法人で導入する際には、導入目的を明確にして活用方法を標準化させられるとより良い運用ができると思います。

　睡眠・生活習慣の改善の成果の創出については、まだこれからですが、業務の習慣から改善する必要があるため、時間をかけて、トライ＆エラーを繰り返しながら、じっくり腰を据えて取り組んでいきます。

 **ワンポイント**

・センサーの活用が職員の負担軽減だけでなく、事故の低減につながっています

・介護記録システムとの連動は、職員の事務業務の省力化につながる重要な観点の
一つであるため、センサー導入時は要確認

2 介護記録（請求）ソフト

(1) 機器の特徴・活用シーン

　介護記録ソフトは、今では導入していない施設は少ないかもしれませんが、介護事業を運営するうえで必要なICTカテゴリーです。

　従来は、介護保険請求をするための元データ、利用者の基本情報等のデータベースとして使用されてきましたが、最近では各種加算などで、利用者に対する介護サービスの質の向上を目的とした緻密な記録と蓄積されたデータを分析することが求められているため、介護記録ソフト活用の幅も広がっています。また、科学的介護の推進を行ううえで求められる情報を記録するためにも、最も重要なカテゴリーです。

　さらに医療・介護連携や多職種連携を想定した情報基盤としての機能を持つものや、外国人人材活用の流れもあり、外国人職員でも操作が簡単な製品も増えています。

　このように介護記録ソフトは単に保険請求をするためのものから、現場の介護の質を上げ、利用者に資するデータベースとして進化を遂げています。

(2) 選定のポイント

　単に介護保険請求をするためであれば、各社基本の機能として備えているので比較は不要です。ただ、上述のとおり活用シーンが広範囲になり、多種多様な製品が生まれているので「外国人職員が迷わず使いこなせる」など、まずは自施設で重視すべき点が何かを数点決めたうえで、選定を行いましょう。

　著者が関わった最近の製品選定のトレンドとしては以下の観点で導入されています。参考にしてください。

・LIFE項目の入力のしやすさ
・入力したデータの閲覧性（グラフや一覧表等の帳票出力）
・外国人職員の使いやすさ（操作性と翻訳）
・タブレットやスマートフォンでの記録のしやすさ（定型文の登録、画像・音声等のシ

ンプル入力)

・見守り支援機器、バイタル計測機器等の他製品との連携

・導入後のメーカーサポート体制

　第6章で解説しますが、今後、介護施設の経営において科学的介護の推進は極めて重要となります。特にLIFEへの入力のしやすさや、入力したデータの分析のしやすさといったデータ活用を念頭に検討を進めることをおすすめします。

「ほのぼの」シリーズは、介護福祉の業務支援ソフトウェアです。

介護保険制度開始当初より多くのお客さまから選ばれ、介護事業所52,000事業所、障害事業所19,900事業所へ導入しており、業界トップシェア（2022〔令和４〕年３月時点）の導入実績となっています。

介護保険サービス事業者の業務を幅広く支援する「ほのぼのNEXT」は、科学的介護情報システム「LIFE」にも完全対応し、2023（令和５）年４月より始まったケアプランデータ連携システムにも対応しています。ケア記録のICT化・IoT機器との連携、音声入力、インカム、スケジュール管理・ケアプラン・請求をトータルでサポートします。

介護記録（請求）ソフト

事例 **5**
介護記録システムの活用で
月179時間の業務時間削減を実現

 ## ここに注目

◆ タブレットの活用によりケア記録がリアルタイムで取れるようになり、残業と転記作業、情報共有漏れの削減ができ、業務効率が大幅にアップした

◆ ケア記録データと請求業務が連動することで大幅な業務削減が実現できた

◆ ワークライフバランスの実現によって、離職率の低減、有給消化率が向上した

 ## 施設の概要

施 設 種 別	介護老人福祉施設
法 人 名	社会福祉法人康和会　特別養護老人ホームオレンジガーデン
職 員 数	正職員43人　準職員47人（2023〈令和5〉年5月時点）
利 用 者 数	入所50人、短期20人、通所32人、ケアハウス62人
事 業 種 別	介護福祉施設サービス事業/短期入所生活介護/通所介護

抱えていた課題

　社会福祉法人康和会 特別養護老人ホームオレンジガーデン（以下「同施設」と表記）では下記のような課題を抱えていました。

❶職員定着率が低い

　スキルが一定のレベルに達すると職員は退職し、組織が安定しない。法人全体のサービスの質が停滞した。

❷残業が多く、有給を消化することができない

　休みや夜勤明けに出勤、恒常的な残業などによりリフレッシュする時間がない。

❸情報共有が不十分

　一定の職員しか知らない情報があり、その職員が休むとさまざまな業務に支障が出る。

　また同施設は施策を検討する前に、課題の把握だけではなく、課題を解決した先にある理想の施設像まで明確にしました。

❶職員定着率の安定により、組織基盤を構築しサービスの質の向上を図る

❷業務の効率化を図ることで残業を減らし、有給消化率を上げる

❸情報を共有化、業務を可視化することにより、属人的な業務をなくす

❹「ワーク」「ライフ」の質を上げ、その相乗効果によりさらにサービスの質を高める

施設の外観

　目指す姿に到達するために同施設では介護記録、請求業務について以下の3点の課題がありました。

①さまざまな記録に重複して書く内容があり、転記作業に業務時間の多くをとられている（介護記録、看護記録、業務日誌、デイ連絡帳など）。

②請求業務や労務業務における単調作業に多くの時間がかかり、ストレスになっている。

③同一法人内、各事業（居宅介護支援・デイ・ショートステイ）の情報収集や申し送りに費やす時間が多い。

　これらの作業は業務時間の割合の多くを占めていますが、意識改善だけでは解決がで

きません。「システムを上手く活用するにはどうすればよいのか」、「現在のシステムは我々に合っているのか」という疑問から、これらを解決するために介護記録ソフト変更の検討に至りました。

介護記録ソフトの選定にあたっては、まず各部署より中堅職員を集めて、10人程度で検討し導入決定をしました。また、デモには20人以上が参加し、職員に使い勝手を見てもらうことで判断材料としました。検討の中では、イニシャルコスト（初期費用）のみでなくランニングコストまで考えるコスト面の比較検討に加えて、各事業の連携や記録、請求などを総合的に勘案した結果「ほのぼのNEXT」の導入を決定しました。

一番の決め手になったのは、複数社のシステムデモを実施する中で、画面が見やすく直感的に操作しやすいと、職員からの人気が一番であったことでした。

 ## 導入コスト（目安）

施設の規模や、現在の環境によって、導入コストは異なります。

活用の成果

同施設では介護記録システム、見守り支援機器、インカムを導入し、タブレット、スマートフォンで管理を集約することで記録のスピードアップ、導線の短縮化、共有漏れの防止が可能になりました。また、記録データの他システムとの連携により、データの利活用、他業務の業務削減も実現でき、大きな業務効率化が可能となりました。さらに写真、動画の記録を活用することで、テキストのみの記録よりもより具体的な記録を取

所定外労働時間、有給消化率の状況

	2013年度	2015年度	2017年度	2018年度	2019年度	2020年度	2021年度	2022年度 （〜2023年 2月）
所定外労働時間年間合計	3,364時間	2,906時間	2,030時間	1,575時間	1,228時間	1,342時間	1,423時間	1,545時間
月平均所定外労働時間	8時間	5.8時間	3.9時間	3.3時間	2.8時間	3.0時間	2.7時間	2.9時間
年間有給消化率	63.4%	84.0% (14.5日)	84.7% (13.8日)	93.8% (16.4日)	98.8% (18.8日)	66% (11.4日)	88.4% (12日)	89.9% (12.8日)
離職率（パート職含む）	18.6% (14.8%)	12.8% (16.3%)	9.3% (10.8%)	4.4% (4.3%)	6.6% (8.5%)	8.8% (8.6%)	6.8% (9.8%)	6.6% (7.9%)

業務改善項目

記録等

削減した業務内容	導入前	導入後	削減時間（分/月）	削減率
手書きのデータの連絡帳をシステム化	コメント入力90分、セット10分、特記記入30分/日	3,250分/月 入力7分/月、セット10分、バイタル入力20分/日	2,500分/月 750	23.1%
デイケアーズ記録を連絡帳の特記事項に連動	日誌作成20分、特記記入10分/日	750分/月 特記入力10分/日	250分/月 500	66.7%
特養の介護生活記録について1ケース手書き確認していた作業を廃止	生活記録日誌180分、1ケース手書きで処理	6,900分/月 生活記録日誌105分、電子化での一括入力55分/日	3,300分/月 3,600	52.2%
手書きで行っていた各事業者の数字データをタブレットで処理	入居者の数情報をユーザーがつき書きで入力50分/日	1,500分/月 タブレットでの一括入力15分/日	450分/月 1,050	70.0%
看護日誌・相談日誌、介護日誌の話すデータ記録を廃止	看護日誌35分、相談日誌25分/日	1,500分/月 看護日誌15分、相談日記5分/日	300分/月 1,200	80.0%
手書きで行っていた自立業務をシステムで連動してレベル貼付に	手書きのデータをシステムに入力して連動	140分/月 手書き作業がなくなり、出力とチェックのみに	20分/月 120	85.7%
手書きしてExcelに再入力していた特養のケアプラン作成をシステム化	65分×46ケース=2,990分	2,990分/月 25分×46ケース=1,150分	1,150分/月 1,840	61.5%
合計	**17,030**		**7,970** 9,060	**53.2%**

請求業務等

削減した業務内容	導入前	導入後	削減時間（分/月）	削減率
手入力で実施していた実績の利用料入力を毎日の記録と連動	実績入力150分	150分/月 連動入力55分、個別入力15分	20分/月 130	86.7%
請求チェックについて帳票に転記して2回手チェックしていたが、1回のチェックに変更	チェック90分、ダブルチェック	180分/月 チェック90分	90分/月 90	50.0%
請求チェック用のデータをExcelに入力して確認していたものをシステムで確認	エクセル入力120分、ダブルチェック45分	165分/月 入力確認45分	45分/月 120	72.7%
手書きで請求書の宛名書きをしていたものを発名ラベル貼付に変更	手書き60分	60分/月 印刷貼付	10分/月 50	83.3%
経理向けの請求資料作成をExcel入力作成していたがシステムからの印刷に変更	エクセル資料作成、チェック85分	85分/月 印刷加工15分	15分/月 70	82.4%
合計	**640**		**180** 460	**71.9%**

ケアマネ業務等

削減した業務内容	導入前	導入後	削減時間（分/月）	削減率
Wordで送付状を作成し、連絡機でFAXしていた居宅向けのFAX送信作業を提供事業所FAXオプションにて処理	3名のCMがそれぞれ送付状を作成し、別途に移動してFAX	540分/月 デスクよりそのまま送信	120分/月 420	77.8%
検索機能の向上（旧システムは過去の支援経過の検索作業が非効率であった）	210分/月	210分/月 マイナス210分	0分/月 210	100.0%
予防プラン・評価表の作成（旧システム専用ソフトで行っていたものを「ほかの面」のワード管理	削りソフトで作成	480分/月	240分/月 240	50.0%
転記アプリケーションのシミュレーション作成業務の改善（旧システムの精度算の管理が出来なかった）	限度額管理に要する各作用	120分/月	50分/月 70	58.3%
アセスメント機能の向上	旧システムはアセスメントの入力で他サービスと共有出来なかった	150分/月	60分/月 90	60.0%
合計	**1,500**		**470** 1,030	**68.7%**

その他

削減した業務内容	導入前	導入後	削減時間（分/月）	削減率
口腔出力データの手作業での仕込み	チェック・データ取込・仕上げ90分、パソコンにデータを入力90分	160分/月 チェック・プアームパンキングデータ取り込み90分	90分/月 70	43.8%
現金・金の未収金管理表をエクセルで作成していた	データ取込5分、エクセル/ピーデータ入力30分	35分/月 FB取込5分	5分/月 30	85.7%
国保連請求事入金管理表のEXCEL処理	データ取込とその後突合作業120分	120分/月 データ取込10分・データ加工突合60分	70分/月 50	41.7%
管理理者会議資料作成処理が多くなり用途に合わせて確認	複数の帳票をくくり用途に合せて作成30分	30分/月 システム簡単利用15分	15分/月 15	50.0%
ショートステイ退団予定から転記していた介護記録・予定表作成の改善	予定表を紙ベースで管理・予定表から転記30分/週	160分/月 データ管理・データから転記30分/週	120分/月 40	25.0%
合計	**505**		**300** 205	**40.6%**

	導入前	導入後	削減時間（分/月）	削減率
	327時間55分（19,675分）	148時間40分（8,920分）	179時間15分（10,755分）	54.7%

ミーティングの様子

入所でのタブレット利用

課題の洗い出し

インカムの活用

ることが可能となりました。

　見守り支援機器については、センサーが反応した際、タブレットのモニターアプリで確認できるため、不要な訪室がなくなり、夜勤帯で1日につき約50分程度の業務圧縮ができました。また、介護職員の精神的、肉体的負担の軽減にもつながっています。

　さらにタブレットのモニターアプリで利用者の動きを見ることでリスクの確認ができ、センサー使用者の転倒、転落等の事故がなくなりました。見守りに関して施設全体の効率が上がったことで、センサー未使用者の事故も減少しました。

　労務面をみていくと、所定外労働時間の削減、離職率の低減、有給消化率の向上については、同施設がICT化を進めた2014（平成26）年度より効果がでていて、直近では新型コロナウイルス感染症の影響で所定外労働時間が増加していますが、ICT化前と比

べると大きく効果を発揮しています。

　結果として、同施設では、月に179時間の業務時間削減が実現でき、さらに課題の多くを解決したことで、理想の施設像に近づくことができました。

運用にあたって苦労したこと

　同施設では、もともと手書きに慣れていて、タブレット、パソコン操作に慣れていない職員が多かったため、導入当初は積極的な活用が見られませんでした。

　そこで、数字データ等の簡単に入力できるものから先に行うことで、まずはタブレット、パソコンの操作に慣れてもらえるようにしました。加えて、使用率の高い文章はシステムに登録することで、キーボードで入力しなくても、ワンタップでの入力ができるようになり、タブレット、パソコンに慣れていない職員でも簡単に操作できるようにしました。

　また、操作方法等のレクチャー面において、同施設では、「ほのぼのNEXT」指導担当職員を選定し、職員のレベル別に指導を行いました。さらに法人独自の簡易マニュアルの作成や、操作の標準化、徹底化を行ったことで、最初は手書きに慣れている職員も多く、なじみがなかった「ほのぼのNEXT」も約6ヵ月かけて、施設に浸透していきました。

　全職員へのレベル別に分けた指導やマニュアルの作成には時間がかかりましたが、運用にあたって必要な過程だったと思います。

 ワンポイント

・本事例は記録全般だけでなく見守り支援機器等との連動で、一体的な運用を実施しています
・指導担当者の任命や独自マニュアル作成は、他のICT導入でも有効な施策になります
・パソコン操作が苦手な職員に対して、定型文を使いワンタップで入力を可能とするような工夫をし、導入ハードルを下げる工夫も定着のポイントに

3 コミュニケーション機器

(1) 機器の特徴・活用シーン

　介護の業務は他産業と比較し、専門職を含む多くの職員が関わり合いながらサービス提供を行っています。また、一人の利用者に対して扱う情報量は膨大であり、施設内で飛び交う情報を把握することや共有することは、サービスの質に大きく影響を与えます。そのため従来の日勤と夜勤の交代時などでは、いかなる施設も職員が集合しての申し送りを徹底して行っていました。しかし、生産性向上の観点では都度発生する情報を集合しての口頭伝達や、掲示板などを使ってアナログに情報共有することは極めて非効率です。

　その他にも、コロナ禍を始めとする感染症の流行時や日本という国全体の地理的特徴を考えれば、自然災害時における迅速な情報共有も重要です。

　このように介護施設の運営において情報共有の内容は多岐にわたり、またそれらの情報の伝達効率性や正確性を担保することは極めて重要です。

　コミュニケーションツールは、あらゆる情報共有のシーンで活用が可能です。

(2) 選定のポイント

　介護施設において基幹となるシステムは介護記録ソフトであり、そこには利用者に関わる多くの情報が保管されています。しかし、情報共有という観点では、何でもかんでも介護記録ソフトに入力し共有する方法は、使い勝手の面で非現実的です。介護業務のように「つぶさに」「迅速に」「正確な」コミュニケーションが求められる場合は、以下の観点で選定を行うことが肝要です。

・誰でも簡単に使える

・一日に何度も繰り返し使ってもストレスにならない

　次の事例に取り上げているビジネスチャットツールについては、上記に加えて振り返りのための情報の検索性も重要です。インカムにおいては、発話者の声が明瞭かつ確実に伝わるという点も重要です。

事例6の製品紹介

　業務用チャットツールであるChatworkは、「チャット」「タスク管理」「ファイル管理」「ビデオ・音声通話」の機能を備えているため、職員同士のコミュニケーション活性化や、書類のデータ化、共有が可能です。

❶チャット機能

　「チャット」機能は、1対1でコミュニケーションをとる個人チャットや、複数人でコミュニケーションがとれるグループチャットがあり、チームや部署ごと、他拠点との情報共有に活用できます。

❷タスク管理機能

　「タスク管理」機能は、自分や他の職員宛に期日を設けてタスクを設定できるため、業務の漏れや遅延を防げたり、相手のタスクの完了状態を把握できます。

❸ファイル管理機能

　「ファイル管理」機能は、PDF、Word、Excel、動画など、さまざまな形式のファイルがアップロードでき、職員間で共有できるため、書類を探したり、回覧したりする手間がかかりません。

❹ビデオ・音声通話機能

　会議室などに集まっての会議や研修への参加が難しい職員がいる場合は、「ビデオ・音声通話」機能を活用すると、オンラインでどこからでも会議や研修に参加できます。

　Chatworkには業務効率化を図れるさまざまな機能があり、職員間の情報共有の円滑化やペーパーレス化による生産性向上が図れます。また、職員の働きやすさが向上することにより、離職率が低下するメリットもあります。

コミュニケーション機器

事例 **6** 離職率4.2%を実現した介護現場の
コミュニケーション革新

 **ここに注目**

◆ICT化の遅れによる非効率的な情報共有方法と部署間の連携不足に危機感を抱いていた

◆職員に情報の受け渡しの重要性を認識してもらうためにICT化を浸透させる必要性を感じていた

◆コミュニケーション不足による人間関係の悪化や施設で働き続けることへの漠然とした不安が離職につながっていた

施設の概要

施 設 種 別	介護老人保健施設
法 人 名	医療法人誠晴會　介護老人保健施設ふるさとの森
職 員 数	103人（2022〈令和4〉年2月現在）
利 用 者 数	80床（入所・短期入所療養介護） 70人／日（通所リハビリテーション・訪問リハビリテーション）
事 業 種 別	介護保健施設サービス事業／短期入所療養介護／通所リハビリテーション／訪問リハビリテーション

抱えていた課題

　医療法人誠晴會 介護老人保健施設ふるさとの森（以下「同施設」と表記）は、非効率的な情報共有方法と部署間の連携不足に課題を抱えていました。

　たとえば、業務連絡は回覧板を回し、約100人いる従業員が一人ひとり押印するという方法でした。そのため、従業員全員に情報共有できるまでに1週間ほどかかったり、従業員が回覧板を読んだかどうかの確認もとれなかったり、**情報共有の質の悪さを感じていました。**

　また、各専門職は部署ごとに分かれて仕事を行うことが多く、部署間でのコミュニケー

ション不足や、伝達にタイムラグが発生することにより、連携がうまくとれていませんでした。コミュニケーション不足等から生じる漠然とした不安や人間関係の不和などの影響もあり、同施設の2014（平成26）年度の離職率は24.7％という数値を出しています。

　同施設は、人材採用の観点でも危機感を募らせていました。ICT化が進んでいない介護業界は、若い世代にとって魅力的に映らない可能性が高く、少子高齢化が進行する現代において、施設への（主に若い世代の）応募者がいなければ採用難に陥り、人材不足によって事業継続が困難になると考えていました。

　そのため、同施設は課題解決に向けて、コミュニケーションスタイルから変革する必要性を感じていました。

導入の決め手

　同施設がChatworkを導入した経緯は、課題解決を図るために、コミュニケーションにコストをかけることの重要性を職員に認識してもらいたいと思ったからです。

　導入前は、職員がコミュニケーションの重要性を認識しておらず、コミュニケーションに離齬（そご）が生じたり、連携がとれていなかったりしても、日々の業務ができているならそれで良いのではないかという空気感が組織にありました。

　そしてコミュニケーションをおろそかにした状況が長年続いた結果、非効率的で質の悪い情報共有や、部署間の非協力的な体制など、現在、抱えている危機感につながってしまったため、「情報こそ組織力の源泉である」という新しい価値観を職員に浸透させようと、「コミュニケーションにコストをかける」という重要な決定を下しました。

　同施設がChatworkを選んだ決め手は、シンプルでわかりやすいUI（ユーザーインターフェース：見た目や操作性のこと）でした。導入するICTを施設内に浸透させるためには、20歳から70代までという幅広い年代の職員が、全員抵抗なく使える必要があると考えていました。Chatworkを他社サービスとも比較検討しましたが、ChatworkのUIがシンプルでわかりやすいことから、使いやすい印象を抱き、導入の決め手になりました。

導入コスト（目安）

製品のホームページからご確認ください。

施設の規模や、現在の環境によって、導入コストは異なります。

https://go.chatwork.com/ja/price/

活用の成果

❶情報共有の早さと質の向上

　同施設は、Chatworkを全職員への一斉連絡の他、委員会活動や部門ごとの報告・連絡、会議録の閲覧などで活用しています。グループチャット（複数人が集まってリアルタイムでチャットのやりとりができる部屋のこと）の分類については試行錯誤を繰り返しながら改善を行い、より細分化して情報共有の精度を高めています。

現体制		
運営委員会 主任会議 外部研修案内 基本体型シミュレーション 褥瘡委員会 リスクマネジメント委員会 感染症対策委員会 栄養管理委員会 ○○部 ○○部 ○○部 ○○部 ○○部 ○○部	老健部門 　部署間の連絡 　担会・面談での共有事項 　カンファレンス・継続の共有 　ケアの変更や指示の共有 　その他 事務・業務連絡 　委員会会議録 　事務通達 　業務連絡 　企画の通知 　サークル活動	入退所の連絡 　入退所の連絡 　ショート・GHの利用予定 　判定会議の連絡 事故報告 　事故の対策・経過・継続の共有 認知症ケア 研修・出張報告 　外部研修 　内部研修 　各部会報告

新体制　案			今後追加？
運営委員会 主任会議 外部研修案内 基本体型シミュレーション 褥瘡委員会 リスクマネジメント委員会 感染症対策委員会 栄養管理委員会 衛生委員会 安全運転委員会 イベント委員会 夏まつり ○○部 ○○部 ○○部 ○○部 ○○部 ○○部	老健部門 　部署間の連絡 　ケアの変更や指示の共有 担会・カンファレンス 　会議での共有事項・指示 LIFE関連 　LIFEについての連絡 居室移動 　移動の連絡・完了 面会？ 　面会のお知らせ 事務連絡 　事務連絡・通達 委員会からの連絡 　委員会会議録 　各委員会からのお知らせ 企画書 　各所からの企画書 在庫状況 　在庫状況の報告 サークル活動 　お知らせ	入退所の連絡 　入退所の連絡 　ショート・GHの利用予定 入所判定会議 　判定会議について 事故報告 　事故の対策・経過・継続の共有 研修・出張報告書 　報告書 スキルアップ研修案内 　外部研修案内 　有料・無料研修 ？認知症ケア 施設内研修 　委員会からの研修 各部会報告 　各部会の報告 SNS関連 メンタルヘルス	朝の朝礼 療養棟の申し送り 夜勤の申し送り デイケア申し送り 電話連絡 ポジティブな伝達

同施設で職員に展開した新旧グループチャットの一覧表。17のグループチャットを新設し、情報共有の精度を高めた。

たとえば、これまで「老健部門」グループチャットでは、部署間の連絡や担当者会議・面談での共有事項、カンファレンス・継続の共有、ケアの変更や指示の共有といった多岐にわたる内容を一つのグループチャットでやりとりしていました。しかし現在は「担当者会議・カンファレンス」グループチャットを新たに作成し、担当者会議・面談での共有事項、カンファレンス・継続の共有を「老健部門」グループチャットと分けて行っています。

また、以前は「入退所の連絡」グループチャットで判定会議の連絡も行っていましたが、現在は「入所判定会議」というグループチャットを新たに作成し、判定会議に関する連絡に特化させることで情報共有の精度を高めました。

Chatworkは操作が簡単で、レスポンスが早くなったり、電話と違ってメッセージを送っておけば相手の都合のいい時間に確認してもらえたりすることで、情報が錯そうするコロナ禍で特に役立ちました。

❷会議の時短化とペーパーレス化の促進

Chatworkの活用によって、会議のスタイルも変わりました。以前は紙で配っていた資料をChatworkで先に共有することにより、会議の前提について議論する必要がなくなったため、結果として結論を出すまでのプロセスが短縮し、より濃い議論ができるようになりました。また資料の配布や回覧がなくなったことで、ペーパーレス化も進んでいます。

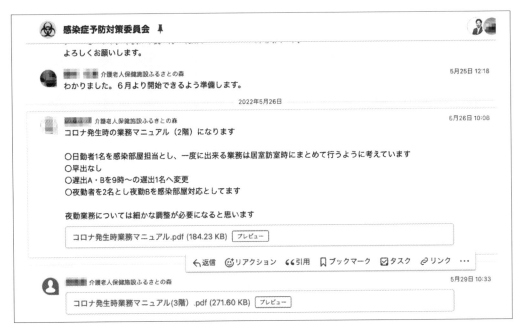

感染症予防対策委員会のグループチャットでは、マニュアルのデータ共有や対応方針のやりとりをしている。

❸強みの再発見と埋もれていた人材の発掘

Chatworkの導入は、質の高い情報共有や業務効率化以外に、自組織の良い点の発見にもつながりました。同施設は、ICT化が進んでいなかったり、他部署と積極的な連携がとれていなかったりしたため、自組織の柔軟性や変化への適応力を懸念していましたが、Chatworkの全社浸透がスムーズに進んだことで、柔軟性や適応力が高かったことにうれしい誤算を感じました。

特に、役職者などマネジメント層のリーダーシップは想像以上で、自組織の良い点を知るきっかけになりました。マネジメント層に限らず、話す機会が少なかった職員の考えや能動性などもChatworkでのやりとりで垣間見ることができ、「この人はこんなにリーダーシップがあるのか」などの気づきを得られ、埋もれていた人材の発掘にもつながっています。

❹離職率24.7％から4.2％に改善

同施設の離職率は、2014（平成26）年度に24.7％ありましたが、2019（令和元）年度には4.2％まで激減しました。

業種や業界問わず、退職理由の大部分を占めるのは職場の人間関係です。また、「この会社でこの先も働き続けていいのだろうか」という漠然とした不安も退職理由になりがちです。

同施設は、離職率を下げるためにさまざまな施策を行いましたが、Chatworkの導入も離職率改善の一つの要因であることは間違いないと考えています。

Chatworkの導入により、縦、横、斜めのコミュニケーションが活性化され、チャットを見ることで現場の状況もわかるようになったため、人間関係に不和が生じる前に手を打てるようになりました。

職員が抱く漠然とした不安も、経営層からミッションやビジョン、今後の展望などをチャットで発信する機会が増えたため、職員の不安払拭に効果があったと感じています。

　同施設は、Chatworkの導入にあたり、スモールスタートを意識しました。

　同施設の職員の年齢層は、20歳から70代までと幅広く、ICTリテラシーの高さに違いがありました。また、あまり性急に導入を進めすぎると、恒常性（ホメオスタシス）が働き、変化に対してアレルギーが生じ、面倒なことをしたくないと考える職員がでてくることを懸念したため、一部の職員から導入を開始し、少しずつ利用範囲を広げていくことにしました。

　まずは代表者と数人でChatworkの導入をスタートさせて、役職者、一部の委員会と利用範囲を広げていき、最後に職員全員に使ってもらいました。Chatworkを導入してから全社導入まで、約2年かけてじっくり進め、新しいコミュニケーションスタイルの定着を図りました。

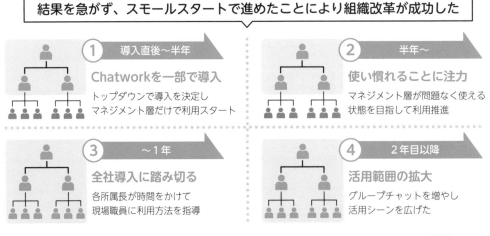

※ □ は導入範囲

　Chatworkの全社浸透には、役職者の活躍もありました。スモールスタートから始まったChatworkの現場への導入は、それぞれの部署で役職者が指導役を担い、現場職員に対して丁寧に時間をかけて繰り返し指導したことが成功要因としてあげられます。

　実際にChatworkを使うことで、メリットを感じられたことも同施設の全社浸透を促進しました。特にコロナ禍では、施設長が組織内の情報をできるだけ迅速に把握し、判断を下すことが求められたため、情報の集約とレスポンスの速さが重要でした。以前のように、回覧板で情報を受け渡ししていたのでは迅速な判断ができず、意思決定が間に

合わなかったと考えられたため、Chatworkの導入にメリットを感じ、挫折することなく浸透に成功しました。

また、同施設では、Chatworkの運用に2つのルールを定めています。まずは「個人情報を書き込まないこと」で、利用者の情報については別途導入している介護ソフトに記入をします。次に「誹謗中傷をしないこと」です。ルールを定めつつ、介護ソフトも活用することで、円滑な情報共有を実現できています。

 **ワンポイント**

- 導入直後からいきなり100％の状態を目指さないことが大事

  スモールスタートで徐々に利用範囲を広めていくことで、新しいことに対するアレルギー反応や反発を抑えながら定着推進できます

- 利用を広める際には「推進者」となる人を立てるとスムーズに定着しやすくなります

- 幅広い年代の職員が働く介護施設では、職員のICTリテラシーもまちまち

- 日常的に発生する「コミュニケーション」で使うツールのため、誰もがストレスなく使えるツールを選定することが大切

 チャット　 掲示板　 カレンダー　 アンケート

 タスク　 アドレス帳　 メール　 Drive

❶ LINE WORKS 概要と機能

LINE WORKS

　LINE WORKSは会社や団体で利用できるビジネス版LINEです。LINEに似た操作性で、誰でも簡単に使いこなすことができます。プライベートSNSとは異なり、法人向けのコミュニケーションツールとしてセキュリティ性にも優れ、介護サービス利用者に関する情報等も安心・安全に取り扱うことができます。

　LINE WORKSにはチャット以外にも現場で使えるさまざまな機能があります。一斉周知の連絡を確実に届けることができる「掲示板」や、メンバーの予定や設備予約の管理もできる「カレンダー」、意見収集や災害時の安否確認に利用できる「アンケート」などアプリ一つで現場の課題を解決できます。

❷ LINE との違い

　LINE WORKSは組織のリーダーや担当者などが管理者となり、メンバーのアカウントを管理できるという点が異なります。また、LINE WORKSの既読機能は、既読数だけでなく「誰が」読んだか個人単位で把握できるため、情報共有の徹底が図れます。

❸ LINE WORKS と外部サービス

　LINE WORKSは、LINEユーザともつながれる唯一のビジネスチャットです。施設利用者の家族との連絡や多職種間での連携も、LINE WORKS上で行うことができます。さらに介護記録ソフトや勤怠管理システムなどの外部サービスとも連携ができます。

❹ LINE WORKS は100人まで永年無料

　基本機能（トーク、掲示板、カレンダー、アンケート、アドレス帳／名刺管理、音声／ビデオ通話等）が無料で100人まで使えるフリープランもあります。製品やプランの詳細は、ブランドサイトをご参照ください。

※ https://line.worksmobile.com/jp/

コミュニケーション機器

事例 **7** **有料老人ホームの運営に必要な情報を集約して**
多職種でのスムーズな情報連携を実現

 ここに注目

◆ 職員間の重要事項の伝達は手書きのノートや口頭で行われており、タイムリーな
情報共有に課題を抱えていた
◆ 多職種間での情報共有を手軽に素早く行えるコミュニケーション手段が必要だっ
た

施設の概要

▼導入事例
詳細はこちら

施 設 種 別	有料老人ホーム
法 人 名	グッドタイムリビング株式会社
職 員 数	1,935人（2022〔令和4〕年11月現在）

抱えていた課題

　グッドタイムリビング株式会社（以下「同社」と表記）は、迅速・確実な業務連絡が
できる環境を構築することが以前からの課題でした。

　まず、現場業務に携わる職員の大半は会社のパソコンやメールアドレスを持っていな
かったので、本社からの通達を速やかに受け取ることができませんでした。また利用者
に関する情報の共有や、早番・遅番・夜勤間の申し送りなど現場の職員間の重要事項の

伝達は手書きのノートや口頭で行われており、**タイムリーな情報共有が難しく**、利用者の外出や家族などとの面会予定を共有する手段も紙のカレンダーだったことも問題でした。

　また、看護部門では、介護職員にホームドクターが処方した軟膏を所定の時間に所定の部位に塗布してもらうための利用者ごとの軟膏一覧表の作成や、その印刷の手間が発生していました。

導入の決め手

　同社は、会社から貸与しているスマートフォンや、タブレットに目を向け、チャットツールを導入することで課題解決を図りました。

　チャットツールの中でも、LINE WORKSは①パソコン、スマートフォン、タブレットなど会社から貸与しているあらゆるデバイスで活用できること、②スマートフォンの小さな画面でも見やすいこと、そして、何より③職員の多くがプライベートで使い慣れているLINEに操作感が近く、抵抗感を抱かずに受け入れてもらえそうなツールであることに注目し、これらの条件をすべて満たすものとして導入を決定しました。運用コストが比較的手頃なのも選定理由の一つでした。

　同社では運営する全拠点への導入を前提に、まずは3拠点で利用を開始。多くの業務を効率化させた拠点もあり、LINE WORKSの導入は成功でした。

導入コスト（目安）

製品のホームページからご確認ください。
施設の規模や、現在の環境によって、導入コストは異なります。
https://line.worksmobile.com/jp/pricing/

活用の成果

　拠点全体や各セクションなど、多くのグループトークルーム（任意の複数メンバーで同時にチャットができるトークルーム。利用者に関する申し送りや委員会のグループなど、さまざまな目的に応じて自由に作成が可能）を作成したことで、各グループに活発

なコミュニケーションが図られるようになりました。これまで紙やメモ、口頭で行われていた伝達がチャットに置き換わったことで、各職員がそれぞれの現場で業務をしながらリアルタイムで情報を共有できるようになったことが大きな変化です。また勤務時間帯の異なる介護職員全体に一斉に情報を発信できるようにもなり、業務効率が大きくアップしています。

LINE WORKSで情報を共有するメリットは、伝え漏れや聞き間違いが発生しなくなるだけではなく、情報発信時は既読機能によって誰に伝わったかがわかり、未読の相手だけに再度連絡することもできます。職種の枠を超えて瞬時に情報共有ができることは、結果的に利用者に提供するサービスの質の向上につながっています。

勤務シフト間の申し送りもトーク（チャット機能）に移行した結果、始業前の把握がしやすくなり、利用者の名前などで検索すれば関連情報がすべてリストアップされるので、必要な情報へのアクセスもスムーズです。グループには利用者ごとの「ノート」（画像参照）を作ることで、対応時の留意点などトークで押し流されて欲しくない情報を保存しています。また介助の仕方や機材の使い方などの業務マニュアルもノートで共有し、テキストだけでは伝わりにくい情報に関しては画像も添付しています。

看護師から利用者に処方された軟膏に関する情報を介護職員に伝えるため、「軟膏処置表」というグループトークルームを設けています。利用者ごとのノートに、主な軟膏の名称、塗布する部位、タイミングなどを簡単に選べる書式を「テンプレート」（画像

ノート

テンプレート

（左）：「ノート」の画面。利用者ごとのノートで留意点などを共有し、介助に関わるさまざまなナレッジ（知識）もいつでも閲覧できる。

（右）：「テンプレート」の画面。軟膏名や塗布する場所などを選択して入力でき、処方情報の更新と介護職員への周知が速やかにできる。

参照）を使って作成し、介護職員が常に軟膏に関する最新の情報をわかりやすく得られるようにしました。また、手元のスマートフォンで手軽に処方情報を更新でき、処置表の印刷が不要になったことで、ペーパーレス化の推進にも貢献できています。

他にも、さまざまなツールが役立っています。「カレンダー」で利用者の外出・面会予定を登録して全職員が把握できるようになりました。「掲示板」には、本社からの通達やデジタル社内報などを掲載して、全メンバーがいつでも見られるようにしています。また「アンケート」を使い、意見収集や日程調整を素早く実行できるようになりました。さらに、利用者の離設防止に設置したAIサーモカメラとLINE WORKSを連携させ、サーモカメラの画像を自動的に担当者に送信する仕組みを構築しています。

運用にあたって苦労したこと

同社ではLINE WORKSを導入したものの、どのように業務で活用するか定まっていませんでした。そこでまずは、試験的に3施設で利用を開始しました。先行導入した施設で、現場のメンバーと導入担当者も一緒に試行錯誤しながら積極的に活用し、運用を確立させていきました。他の施設に導入する際も、そこで確立した運用方法を展開しています。

また導入当初は「ノート」や「カレンダー」など、トーク以外のさまざまな機能を活用する試みを行いましたが、職員のICTリテラシーがさまざまで、使いこなせないという声もありました。そのため、いきなり複数の機能を活用する試みをやめました。まずはなじみのあるトークでの情報共有のみの活用から始め、職員がトークに慣れたときに新しい機能の活用を始める、というように徐々に活用する機能を広げるようにしたところ、職員も大きな拒否反応を示すことなく自然に使ってくれるようになりました。

ワンポイント

- 留めておきたい情報は「ノート」機能を活用し、情報を埋もれさせない工夫が可能となっています。また、ノート機能はテンプレートを活用することで、さらに入力性や閲覧性向上も可能に
- 「ノート」、「カレンダー」、「アンケート」などトーク以外の効果的な機能も充実しているため、アイデア次第で幅広い業務に活用が見込まれます

コミュニケーション機器

事例 **8** BCP対策や利用者の家族との連絡に
コミュニケーションツールを活用

! ここに注目

◆ BCP対策の一環で、社員への一斉周知や安否確認のできるツールが必要だった

◆ 電話やFAXが中心の利用者家族や関係業者との連絡をスムーズに行いたい

施設の概要

▼導入事例
詳細はこちら

施 設 種 別	介護老人福祉施設/通所介護事業所
法 人 名	社会福祉法人 雪舟福祉会
職 員 数	116人

抱えていた課題

　西日本豪雨（2018〔平成30〕年7月豪雨）の際、社会福祉法人雪舟福祉会（以下「同会」と表記）の特別養護老人ホームを福祉避難所として開放し、市民の人々が詰めかけることになりました。その際に職員への出勤可否の確認に電話を利用しましたが、一人ひとりに電話をかけるのは時間がかかるため、**スピード感のある連絡網の必要性を実感しました。**その後、介護事業や保育事業を継続的に運営するためにBCP（事業継続計画）策定にいち早く着手し、その一環として、全職員に一斉に通知できる新たなコミュニケーションツールの導入を考えました。

　LINE WORKS選定の一番の決め手になったのは、誰でも簡単に使えることです。既に一部の職員は個人のLINEでグループを作って情報をやりとりしていたので、その延長線上で手軽に活用でき、LINE WORKSの監査機能などで情報セキュリティも担保できます。管理者の立場では、職員のトーク履歴を抽出できたり、退職するメンバーをグループから外したりできるので、コンプライアンス遵守の面でも有効でした。

 ## 導入コスト（目安）

製品のホームページからご確認ください。
施設の規模や、現在の環境によって、導入コストは異なります。
https://line.worksmobile.com/jp/pricing/

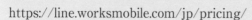

　2020（令和2）年7月にLINE WORKSを全施設に導入。基本的な使い方はLINEに近いので導入に支障はなく、約2週間で全員が使えるようになりました。

　同会はBCP対策の運用基盤としてLINE WORKSを組み込み、緊急時における社内連絡網、職員の安否確認・状況確認、行政との連絡手段として活用できています。また管理者のみのグループトークで災害に関連する情報を共有することで正確な情報を伝えることができます。

　個人単位でわかる既読機能により職員の状況が瞬時に把握でき、またやりとりの情報が記録になり後から振り返ることができるのも良い点です。

　全職員の安否確認や出勤可否の確認には「アンケート」（画像参照）を活用しています。返答時間を決めて返答がない場合のみ電話を使用します。これで、被災した職員への支援も迅速に行うことができます。

　また、利用者とその家族、介護・福祉事業者をつなぐ重要な調整役となるケアマネジャーとの連絡手段についても、以前は電話とFAXが中心でした。そのため情報を迅速に伝えることが困難でしたが、現在はLINE WORKSの「外部トーク連携」を活用し、ケアマネジャーのLINE WORKSと施設利用者の家族や福祉用具業者のLINEとつなが

り、やりとりが迅速化されています。たとえば、ケアプランを変更した際は、次回の訪問を待たずプラン表を写真に撮ってすぐに共有することができます。また急きょ翌日のデイサービスを休むとなったときも、LINEで気軽に連絡してもらえるのですぐに対応できます（画像参照）。

アンケート
外部トーク連携

 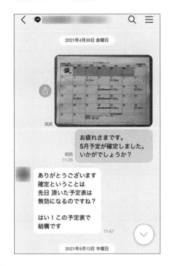

（左）：緊急時の連絡や安否確認にグループトークやアンケートを活用。
（右）：利用者家族への連絡や気軽な情報交換も面会を待たずに画像やチャットでスムーズに共有。

運用にあたって苦労したこと

同会では、ICTの導入によって職員の業務負担をかえって増加させてしまう可能性を懸念していました。そのため展開時には、まず各施設のリーダーに操作マニュアルを渡して利用してもらい、リーダーが他の職員に教えながら徐々に利用者を増やしました。基本的な使い方はLINEに近いので展開に支障はなく、約2週間で全員が使えるようになりました。

また同会ではBYOD（職員が私物として所有しているパソコンやスマートフォンを業務に使う利用形態）を採用したことで、業務で私用のスマートフォンを利用することを理解してもらう必要がありました。そのため、LINE WORKSを使うとどのように業務が効率化されるのかといった導入のメリットを丁寧に説明しました。そして職員に安心して使ってもらえるよう、機能を説明するだけでなく勤務時間外のトークは見なくて良いなど、独自の運用ルールを定めました。

事例 **9** # 採用から定着までの課題を
コミュニケーションツールで解決

！ ここに注目

◆採用の進捗管理や郵送・メール中心の応募書類のやりとりを効率化したい

◆人事部門と各施設との連携をスムーズに行いたい

🏢 施設の概要

▼導入事例
詳細はこちら

施 設 種 別	有料老人ホーム / グループホーム
法 人 名	株式会社メグラス
職 員 数	210人
利 用 者 数	249人

抱えていた課題

　株式会社メグラス（以下「同社」と表記）では、**採用管理において問題を抱えていました。**現場の最前線で働くメンバーが採用に関わるため、進捗管理がとても大変で、応募者の履歴書や資格証明書などの書類を共有するのもその都度、各施設と郵送やメールでやりとりするのが面倒でした。また募集や選考結果の通知などを行う人事部門と、面接や合否判断を行う各施設とでは、物理的に離れているためタイムリーな連携を図りにくいことも課題と感じていました。

導入の決め手

　採用管理については、当初、ATS（採用管理システム）の利用を検討しましたが、利用料が高額で断念しました。その後、職員同士で日常業務の連絡に活用できるLINE WORKSでATSと同じような使い方ができるのではないかと気づき、導入しました。

　また、管理者としてはMDM（モバイルデバイス管理：遠隔で携帯端末の管理ができる機能）を備えていること、管理者側からすべてのログを見ることができ、何かトラブルが起きたときに後追い調査が行えることなどで、LINE WORKSが最も適していました。

📟 導入コスト（目安）

製品のホームページからご確認ください。

施設の規模や、現在の環境によって、導入コストは異なります。

https://line.worksmobile.com/jp/pricing/

　同社の職員は20歳から64歳と幅広い世代が働いていますが、今では全員がLINE WORKSを利用しています。LINE WORKSは、試験運用してから1週間ほどで「これならすぐに使える」と判断できるほど浸透力が高く、利便性が高かったです。

　結果として、採用管理でのLINE WORKS導入は予想以上の大成功でした。応募者情報や面接スケジュールの一元管理、選考ステータスの「見える化」、人事部門と各施設をまたいだスムーズな連携と情報共有、これらすべてが実現できました。しかも、ATSでは対応できない、入社後の定着に至るまでの見える化や情報共有まで可能になりました。

LINE WORKSでの採用管理

応募者に関する情報をトークルーム内に集約。「ノート」や「予定」も活用し、関係者に共有している。

事例10の製品紹介

クリアトークカム

DIGITAL TB-eye Digital Solutions

ナースコールや見守りセンサーと連動。
医療・介護・福祉のさまざまなシーンで活躍。

病院や介護施設などでの活用例　　OPTION　アシストコール（ナースコール連動システム）

ナースコールからの呼び出しをインカムのグループへ一斉通知

スタッフ間の対応調整〜ケア駆け付けまでを迅速かつ効率良く行えるようになり、業務のクオリティが高まります。

ナースコール
連動用制御機
TBE-ACCPU2A

STEP 1

ナースコール子機が押されると、ナースコール親機が連動するとともにインカムのグループにチャイム音と部屋番号、呼び出し種別が音声で通知されます。

STEP 2

インカムのグループに部屋番号やベッド番号がメッセージとして通知されます。また、この通知は、復旧動作があるまで30秒ごとに繰り返し通知されます。

STEP 3

通知メッセージが流れている間でもグループ会話ができるため、スタッフ間で対応の調整がすぐに可能です。また、該当するナースコールが復旧された際には、復旧された旨の通知が流れます。

※16グループ拡張時、音声通知は8グループ迄

　ナースコールへの対応をインカム音声通知へ変えることで、通知があった際、職員同士で対応の調整を行い、介護サービス提供のスピードと質の向上が図れます。

❶グループ通話による生産性向上と精神的負担の軽減を両立

　「誰が行けるのか・どう対応するのか・どのような状態なのか」をすぐに共有、ヘルプ・指示出しを含めてさまざまな負担を軽減し、ケア能力を向上させることが可能です。

　PHSなどでは順次鳴動の運用となり、初動が遅くなりがちですが、グループ全員に一斉通知することで、初動を早めることが可能です。

❷無駄な機能を排除し、「扱いやすく・わかりやすく」を実現

　端末を取り出して確認をする必要がないため、慌てる必要がありません。スマートフォンは良くも悪くもさまざまなことができてしまうため、複雑な画面操作を覚えなくてはならず、操作自体も立ち止まらなくてはなりませんが、インカムではそのような煩わしさから解放されます。

事例10 インカムの導入で移動や情報伝達の労力を大きく削減へ

！ ここに注目

◆ 突発的な欠員等によるスケジュールの「ズレ」への対応に課題を感じていた

◆ 人・モノ探しや申し送りなどの情報共有に無駄が多く、ICTで効率化する必要性を感じていた

◆ 軽くて頑丈なクリアトークカム（インカム）はPHS・スマートフォンより現場に好評

施設の概要

施 設 種 別	介護老人福祉施設
法 人 名	社会福祉法人敬寿記念会　ふれあいの郷もくせい
職 員 数	約100人
利 用 者 数	約120人
事 業 種 別	介護福祉施設サービス事業

抱えていた課題

　社会福祉法人敬寿記念会 ふれあいの郷もくせい（以下「同施設」と表記）は職員間の仕事分担について、作業スケジュールをパズルのように組み合わせて動いていましたが、突発的な欠員が出た場合などに生じる**スケジュールの「ズレ」への対応に課題があ**

りました。

また同施設では施設内の人探しで、相手がいそうな場所をやみくもに捜索するなど、職員の労力をいたずらに使っていました。

導入の決め手

同施設は予定していた作業スケジュールからズレたときに求められる臨機応変な対応や、人探し、モノ探しなど施設内での情報共有に課題を抱えていたため、それらを解決できる施策を検討していました。

そこで導入したのがクリアトークカム（インカム）でした。同時に多人数で話すことができるインカムは施設内での情報共有に役立つと思ったからです。また情報共有が効率化できることで臨機応変な対応までできるようになることを期待しました。

またインカムではなくスマートフォンを使うサービスも選択肢にありましたが、スマートフォンは水と衝撃に弱く、バッテリー持続時間も短いです。一方でクリアトークカムはハンズフリーで使用でき、さらに本体も頑丈なことを踏まえて導入を決定しました。

 導入コスト（目安）

・標準価格：約200万円〜 300万円（本事例の規模の場合）

活用の成果

多人数で同時に通話ができるインカムは**みんなで会話を共有できて、個別のやりとりができないからこそ**介護の現場に最適だと感じます。

同施設では職員個人のスケジュールのズレが、全体のスケジュールのズレに直結してしまっていましたが、個人のズレを素早くインカムで情報共有することにより、他の職員はそれに合わせてスケジュールを組み立て直し、臨機応変な対応ができるようになりました。

単なる業務指示や申し送り、スケジュール調整の用途だけではなく、職員が切羽詰まっていないか、抱え込んでいる仕事や悩みなどがないか、誰かに仕事が集中していないか、そういった**滞りの早期発見**にも役立っています。

また、インカムの効力は移動労力の省力化や時間ロスのカットそのものより、**職員の精神的な負担やコミュニケーションにかかる心理的なハードルを低くする効果**の方が実は大きいと感じました。困りごとが発生してもすぐに仲間内で気づきが得られ、臨機応変に対応できるようになりました。

運用にあたって苦労したこと

　同施設は、クリアトークカムの導入にあたり、簡単なルールを定めて運用しました。

　たとえば、離れた職員同士が話すので、発信者がいきなり「誰か来てください」とインカムで伝えても、聞こえた職員たちは「誰だろう？」となるので、【インカムで話すときには、名前を名乗りましょう】、また反対に、受け手のレスポンスがないときは、発信者が不安に感じるので、【誰かが話したときは、必ず誰か一人は返事をしましょう】などのルールを定めました。日常のコミュニケーションをとるときと一緒です。

　上述のようなちょっとした工夫をしながら運用した結果、他の設備と比べて慣れることに苦労はしませんでした。またクリアトークカムは操作が簡単なので、とりあえず使ってみることができます。そうすると通話が始まり、コミュニケーションが生まれます。

　また思いがけない効果もありインカム導入前と比べて、職員全員に要点を「素早く」「簡潔に」「わかりやすく」伝達する能力が全員に備わってきたと思います。

　今までさまざまな設備を導入してきましたが、一番職員に喜ばれているアイテムで、私たちにとってインカムは業務上必要不可欠な存在です。もうインカムのない業務は想像できません。

 ワンポイント

・導入時または運用しながら職員とルールを作っていくと良いでしょう。簡単でもルールを定めることで、職員が迷うことなくインカムを活用できます

4 業務省力化

(1) 機器の特徴・活用シーン

　第1章で解説したとおり、生産年齢人口減による職員不足が顕著となることで業務省力化ツールの需要は高まります。なぜなら職員不足によって、介護の専門職はその専門性をいかした業務にのみ注力できるように、介護の専門職でなくてもでき得る業務は、そのすべてをICTに置き換えるか、事務職等の非専門職でも対応可能とするよう、その業務自体を早急に専門職から移行しなければならなくなるからです。

　業務省力化ツールは発展途上のカテゴリーであり、現時点でその適用業務はあまり多くありませんが、後述するシフト作成業務などは施設の職員や利用者のことを熟知していれば、介護技術や介護の専門知識を持たない職員でも業務の遂行が可能になります。

　本項では、具体的な製品として「シフト作成」と「送迎ルート作成」システムについて事例を取り上げていますが、今後は他にも「採用活動」「職員教育」「人事」などバックヤード業務を主とした製品の成長も見込まれます。

(2) 選定のポイント

　シフト作成等の業務は、特定の職員が担うケースが多く、属人的になりがちです。そのため、その精度は担当者の能力に委ねられることとなり、業務の品質向上を見込むことが難しいだけでなく、担当者が退職した際などの事業運営上のリスクにもつながっています。また、担当者が高負荷、多残業となっているケースも少なくありませんので、職員の安全衛生上の問題もあります。

　本カテゴリーの製品を選定する際は、担当者がどれだけの時間を該当業務に割いているかという単純なコスト計算（担当者の単価×作業時間コスト）に加えて、属人的になっている業務を解決できるかという観点も考慮して導入を図りましょう。

　専門職が専門性をいかした業務に集中できるように、ICTで業務省力化を実現して仕事のあり方を変えていきましょう。

　CWS for Careは、介護業界特有のニーズに特化したシフト管理ツールです。夜勤への対応はもちろん、夜勤明け公休などさまざまな勤務パターンを登録できます。早番、日勤、遅番、夜勤なども時間ごとに設定できるため、繰り返し登録も楽になります。

　また職種兼務や事業所・サービスをまたいだ勤務も簡単に振り分けが可能です。さらにユニット別にシフト作成をしたうえで就業状況を一元管理・確認できるため、現場にも本部にも使いやすい形となっています。

　加えて、シフト作成時には人員配置基準や加算要件への適合状況も自動でチェックができ、法令遵守や加算漏れのリスクを軽減できます。作成したシフト表はExcelに出力できるため配布も簡単です。また実績に応じた変更もスムーズで、勤怠管理や給与計算に活用できます。行政指導時には勤務形態一覧表も出力できるため手間を大幅に削減できます。

業務省力化

事例**11** 月締め対応が半減しペーパーレス化も促進、業務効率の大幅改善へ

 ここに注目

◆ 給与計算等にかかる時間が50時間→25時間に

◆ 50cmまで積み上がっていた届け出書類が大幅減

◆ 変則勤務や勤務変更対応、加算管理、提出様式対応と一石四鳥の価値実感

施設の概要

施 設 種 別	介護老人福祉施設
法 人 名	社会福祉法人　太陽の村
職 員 数	250人
利 用 者 数	250人
事 業 種 別	介護福祉施設サービス事業

抱えていた課題

　社会福祉法人太陽の村（以下「同法人」と表記）では、**給与計算業務を毎月1週間かけて残業しながら対応していました。**そのため、担当している本部事務メンバーの負担が非常に大きなものとなっていました。この給与計算業務が負担になっていたのにはいくつかの理由がありました。

❶**紙での確認**

　勤務変更がたびたび発生することで、承認の検印を回す手間も多く発生しており、勤務変更があればあるほど書類は増え、気づけば毎月50cmほどの高さに積み上がっていました。

❷**不揃いなフォーマット**

　勤務表は現場ごとにExcelで作成しており、あらかじめフォーマットは固めて運用していたものの、現場運用の中で少しずつ変更が加えられ不揃いな状況となっていました。

こうした事情から事務処理対応や紙コストについても大きな負担となっていました。

❸**頻繁にある勤務変更対応**

　勤務変更が多すぎて対応が間に合わなかったり、どれが最新版の勤務表かわからなくなったりするという事態も生じていました。

導入の決め手

　給与計算業務に複数の課題を抱えている同施設が求めた要件は、①事務職員の負担軽減と効率向上、②紙コストの削減でした。これらを実現するためにシフト管理ツールなどの業務省力化できるツールについて情報収集を行い、比較検討したサービスは「CWS for Care」を含めて4つありました。

　当初本命だったのは、一本化による効果重視の観点から既に同施設にワークフローシステムを導入している企業のサービスでした。実際各社のサービスを比較しても、作業効率の改善や紙コストの削減はどれでもある程度は実現可能だと感じていました。

　それでも「CWS for Care」を導入する決め手となったのは、本サービスがより介護業界に沿って作りこまれていたためです。

　具体的には介護特有の変則勤務や勤務変更について対応していたり、加算管理や勤務実績一覧表など行政提出書類もチェック・出力できるようになっていたりした点が決定の理由です。

　現場にとって使い勝手が良いだけではなく、管理者側も管理しやすいものをと考えて「CWS for Care」を利用することにしました。

 ## 導入コスト（目安）

・月額500円／人＋初期設定費用

活用の成果

　「CWS for Care」を導入してから、給与の締め対応にかかる時間は圧倒的に減りました。それまで1週間丸々休みなく残業して行っていた作業が、別の業務も対応しながら3日程度で済むようになり、残業時間もなくなりました。

　また勤務変更等に関する届け出書類も大幅に減り、紙コスト削減にもなっています。

　パソコンの操作自体に不慣れな職員もいるものの、若い職員や慣れてきた職員からはシフト表の作成、変更が行いやすくなったという声も聞こえてきています。

　行政監査への対応はまだ発生していないため、これからですが、そこでも「CWS for Care」が役立ってくれるのではないかと期待しています。

運用にあたって苦労したこと

　「CWS for Care」には勤務時間等をパターン化して繰り返し登録しやすくする機能がありますが、そのパターンの初期設定に苦労しました。シフトの基本的パターンは4つしかないと想定していましたが、パートの出退勤時間なども含めて考慮すると、時間帯の微妙な違いなどが出てきたためです。

　事前の想定が十分ではなかったことが原因で苦労しましたが、改めて自社の勤務パターンを考える良い機会となりました。

　また、現場にそもそもパソコンを自在に扱える職員が少なかったことにも苦労しました。高齢の職員は、これまで決まった箇所に記録入力する作業ならできていましたが、導入した新しいソフトの機能を理解して使うことには慣れるまで時間がかかりました。そこで、ベンダーに職員の理解度に応じた説明会の実施に加えて個別にもフォロー説明を行ってもらったことで理解促進を図ることができました。また「CWS for Care」はわかりやすく使いやすいUIでソフトの機能も理解しやすくなじみやすいと感じました。

ワンポイント

・本事例はバックヤード業務の時短とペーパーレス化を同時に実現しています

・介護業界は他産業にない業界固有の勤務ルールが多く、業界に特化したツールでないと活用は難しく、業界特化型のツールを選ぶことが重要です

　らくぴた送迎は、福祉車両の開発・製造を行っているダイハツ工業が、デイサービス・リハビリデイなどの通所系介護施設で多くの労力を費やしている日々の送迎業務を効率化するため、全国3万ヵ所を超える介護施設の現場の声を基に開発した送迎支援システムです。

　らくぴた送迎は、システム&専用スマートフォンで、送迎前/送迎中/送迎後の3つのシーンで悩みを解決し、従来の属人的でアナログな送迎業務を変え、皆さんの理想の送迎を実現します。

【受賞歴】

・MaaS&Innovative Business Model Award（MaaSアワード）2020 大賞受賞

・ASPIC IoT・AI・クラウドアワード2021、ニュービジネスモデル賞受賞・
　共にゴイッショとの共同受賞

　※ゴイッショとは：通所介護施設が単独で行っている送迎業務を共同で乗り合って送迎するサービスのこと。また送迎空き時間で他の移動にも活用が可能なサービス。

業務省力化

事例 **12** 送迎の負担軽減で、利用者一人ひとりと向き合う時間が増え、顧客満足度が向上した事例

❗ ここに注目

◆ 送迎計画作成時間の削減：毎日1～2時間かかっていた計画作成が10～15分／日まで大幅に削減できた

◆ 送迎中の業務効率化：スマートフォンの地図アプリ連携機能で新人職員でも安心して送迎に集中できるようになった

◆ 送迎計画作成者の増員：4人だった計画作成者が9人まで増え、スタッフ業務の負荷分散ができ、リスクヘッジ体制が構築できた

📖 施設の概要

施 設 種 別	介護老人保健施設
法 人 名	医療法人天仁会　介護老人保健施設パークヒル天久
職 員 数	15人（デイサービス）、30人（デイケア）
利 用 者 数	デイサービス40人／日、デイケア60人／日
事 業 内 容	デイサービス／デイケア
送迎車両台数	デイサービス6台、デイケア11台

抱えていた課題

　医療法人天仁会 介護老人保健施設パークヒル天久（以下「同施設」と表記）では、毎日1～2時間にもおよぶ**送迎計画作成が負担になっている現状や、計画どおりに運行できないことで利用者や家族から不満の声がたびたびあがってきている現状**に危機感を持っていました。

　その背景には、送迎計画を作成できる職員が少ないことや、運転に慣れていない職員の運行で、予定より遅れてしまうなど、送迎業務に課題がありました。

　「らくぴた送迎」を活用し、送迎計画を今までよりも簡単に作成できるようになることで、毎日１～２時間かかる送迎計画の作成業務の軽減、また特定の職員のみに計画作成業務の負担がかかっている現状の解決を期待しました。そしてより精度の高い送迎計画を作成することで、利用者、家族が今よりも満足できる運行を目指しました。

　また送迎支援システムの中でも、らくぴた送迎を選んだ理由は、ドライバー側の端末が電話としても使用可能な「スマートフォン」であるからでした。また操作性のシンプルさに加え、それまでかかっていた毎月の携帯電話代にプラスアルファするだけで、オプションを含めたシステム一式が導入できるコストパフォーマンスの高さが決め手でした。

導入コスト（目安）

・PCライセンス料：月額15,000円／施設
・モバイル端末レンタル料：月額3,700円／台
　（国内通話かけ放題、５ギガデータ通信料含む）

❶計画作成業務の負担軽減

　送迎車両11台を有するデイケアを運営している同施設では、毎日１～２時間かかっていた計画作成が10～15分で行えるようになりました。

　また、今までは計画作成ができる職員が４人しかいませんでしたが、簡単に計画作成できるようになったこと、また複数の職員が同じ画面を見ながら計画作成できることで、ノウハウの共有が簡単になった結果、９人が計画作成業務にあたることができるようになり、特定の職員に負担が偏ることがなくなりました。

❷運転業務の質の向上

　同施設では送迎専門のドライバーは置かず、介護職員やリハビリ職員などが交代で送迎を行っていますが、時間的に無理のない運行計画になったことで、運転に関する負担や不安の解消にもつながりました。

　結果、計画どおりに運行することができ、「迎えが遅い」、「乗車時間が長い」といった、利用者、家族から送迎に関する不満の声も減少しました。

　また、らくぴた送迎を導入する以前はガラケーを使用していたので、スマートフォン導入には少し不安もありましたが、ドライバー側のスマートフォン操作は、"出発"と"到着"をタッチするだけという、ごく簡単なものなので、職員もすぐに慣れることができました。

　運転業務についても、スマートフォンのナビ機能と連携して地図アプリ上で的確にルート案内してくれるため、新人職員でも安心して送迎に集中できるようになりました。さらにスマートフォンのGPSとの連携で事務所に設置しているパソコンから全送迎車両がどこを走行中か、計画どおりに動けているか、などリアルタイムに確認できるので安心です。

　万が一事故が起きた場合なども、ドライバーの位置が事務所側で即座に把握できるので、他の介護職員が道に迷うことなくすぐにヘルプに駆けつけることができるようになりました。

　以前までは、事務所へキャンセルの連絡が入った場合、電話を受けた介護職員が事務所に移動して送迎表を確認し、担当ドライバーへ電話連絡していましたが、今ではパソコンでらくぴた送迎を開いてキャンセルを押すだけで、ドライバーのスマートフォンに音声で知らせてくれるので、連絡がシンプルになりました。また、送迎先でキャンセルが発生した場合にも、ドライバーのスマートフォン経由で事務所に連絡が入るので、いすや飲み物といった準備物の変更だけでなく、リハビリ職員へもメニュー変更の指示ができて助かっています。

❸利用者、家族の満足度向上

　送迎計画作成担当者の業務に余裕ができたことで、これまで以上に利用者へ目を向けるゆとりが生まれ、利用者一人ひとりとの会話や介護・介助にあてられる時間が増えました。

　結果、介護が手薄になった状況下で多く発生する転倒等の利用者単独での危険を未然に防げるような体制が、確実に整ってきたと感じています。

　らくぴた送迎の活用に慣れていなかった導入当初は、以前のやり方が良かったという声もありましたが、らくぴた送迎の活用に慣れるために、以下のように理解を深める仕組みを作りました。①施設全体での勉強会の実施、②次期送迎計画作成者に対するマンツーマン指導、③マンツーマン指導を受けた職員の一人に、1週間集中して「らくぴた送迎」の業務を担当してもらう、これらの方法で理解を深め、運用方法を習得できるようにしました。結果として、今では「導入して良かった」、「業務負担が減った」という声が現場から上がってきています。

　このようなシステムを導入することで、業務の仕組みをシンプルにすると同時に、送迎業務における判断の根拠を明確に共有できるようになりました。今後も引き続き業務効率を高めて、ケアの質の向上につなげていきたいです。

ワンポイント

・属人性の高い業務にソフトウェアを活用することで、幅広い職員が対応可能になり、特定職員の負担軽減につながっている事例です
・送迎車両を多数運用している法人には特に効果的なツールです
・サービスの観点で利用者や家族にも好影響を与えています

第 6 章

科学的介護（LIFE）推進のすすめ

　2021（令和 3）年度に始まった科学的介護の対象が、施設・通所系サービスから居宅介護支援事業所や訪問系サービスへ広がろうとしています。また、フィードバックデータについても改善が進むとされ、将来には介護施設や事業所だけでなく、国民一人ひとりが、そのデータの恩恵を受け取る時代が訪れるといいます。

　本章では、施設・事業所のICT化と親和性が高い科学的介護（LIFE）について詳しく見ていきます。

1 科学的介護（LIFE）これまでの流れ

　科学的介護とは、科学的裏付け（エビデンス）に基づいて介護サービスに取り組むことをいいます。それぞれの介護現場での介護実践のデータを全国レベルで収集・蓄積・分析し、分析の結果を現場にフィードバックすることで、科学的介護をさらに推進させ、介護サービスの質の向上を目指すことを目的としています。

　LIFE（Long-term care Information system For Evidence）とは、データを収集・蓄積・分析し、フィードバックを行う「科学的介護情報システム」のことをいいます。すなわち、介護現場において科学的介護を行うツールがLIFEということになります。

　まずは、科学的介護とLIFEが登場した経緯を簡単に整理しておきます。

(1) 科学的根拠に基づく医療

　1990年代以降、医療分野においては、根拠に基づく医療（EBM：Evidence Based Medicine）が世界的に実施されています。これは、カナダのマクマスター大学のゴードン・ガイアット医師が発表した論文に端を発しています（Guyatt GH. Evidence Based medicine. ACP J Club. 1991；114（suppl 2）：A-16.）。このEBMの世界的な広がりは、世界中の医師が米国などに蓄積された医療情報のデータベースにアクセスできるという情報技術の革新によるものです。ちなみに、根拠に基づく医療は、次のように定義されています。

根拠に基づく医療（定義）

　「診ている患者の臨床上の疑問点に関して、医師が関連文献等を検索し、それらを批判的に吟味した上で患者への適用の妥当性を評価し、さらに患者の価値観や意向を考慮した上で臨床判断を下し、専門技能を活用して医療を行うこと」と定義できる実践的な手法。

（「医療技術評価推進検討会報告書」厚生省健康政策局研究開発振興課医療技術情報推進室・1999年3月23日）
（Guyatt GH. Evidence-based medicine. ACP J Club. 1991；114（suppl 2）：A-16.）

　日本においては、個々の医療現場や研究機関でEBMの実践が行われていましたが、国レベルの動きは遅れ気味でした。

　EBMが本格的に論じられたのは、1998（平成10）年に設置された「医療技術評価推進検討会」（厚生労働省）でした。翌1999（平成11）年にまとめられた報告書では、「EBMという概念を医療現場に普及させるとともに、臨床医がEBMを実践するための環境整備を進める必要がある」としています。

　この環境整備の一つが、全国レベルでのデータベースの構築であり、医療分野では、EBMによるデータに基づく「診療ガイドラインの整備」や「EBMデータベース整備・推進事業」が進められました。

　医療分野の場合、科学的根拠に基づく医療がターゲットにしているのは、個別の疾患です。「診療ガイドラインの整備（厚生労働科学研究費補助金）」では、脳梗塞、糖尿病、喘息、急性心筋梗塞、胃潰瘍、くも膜下出血、肺がん、乳がん、胃がんなどの各疾患のガイドライン作成を目指しました。

　一方、介護分野では、疾患別という個別テーマではなく、「自立支援・重度化防止」といった大きなテーマの科学的根拠をデータベースの構築で目指すことになります。

⑵　未来投資戦略2017

　未来投資戦略とは、第3次安倍内閣時代の成長戦略です。2017（平成29）年6月に「未来投資戦略2017」が閣議決定され、介護分野では、「科学的介護の導入による『自立支援の促進』」が明文化されました。

　同戦略では、介護分野について、科学的裏付け（科学的根拠）について、「残された課題」を整理したうえで、「主な取組」を提示しています。

> 介護：科学的介護の導入による「自立支援の促進」
> **〔残された課題〕**
> ・介護予防や、要介護状態からの悪化を防止・改善させるための先進的な取組が一部に広まっているものの、国として目指すべき形として、自立支援等の効果が科学的に裏付けられた介護を具体的に示すには至っておらず、また、要介護度が改善すると報酬が減ることもあり、自立支援に向けたインセンティブの充実等を求める声がある。

(3)　VISITとCHASE

　未来投資戦略2017が閣議決定された2017（平成29）年は、科学的介護の議論が本格稼働した年でした。同年1月には「データヘルス改革推進本部」が厚生労働省内に設置されるとともに、10月には同省で「第1回科学的裏付けに基づく介護に係る検討会」が開催されました。なお、これにさかのぼる2013（平成25）年度から、介護保険給付費明細書（介護レセプト）や要介護認定データなどの電子化情報を収集する「介護保険総合データベース（介護DB）」の運用も始まっています。

　こうした中、同年4月からVISIT（ビジット）の運用が始まります。VISITとは、通所・訪問リハビリテーションデータ収集システムのことで、リハビリ計画書、リハビリ会議録、プロセス管理表など、リハビリに関する情報を収集し、データベースに蓄えます。翌2018（平成30）年度からは介護報酬で評価されるようになりました。

　続いて、2020（令和2）年5月からは、CHASE（チェイス）の運用が始まります。CHASEとは、高齢者の状態やケアの内容等データ収集システムのことで、利用者情報、認知症の状態、食事の形態や誤嚥性肺炎の既往歴、栄養状態などの詳細な情報を収集し、データベースに蓄えます。

　そして、2021（令和3）年度、VISITとCHASEを統合する形でLIFE（科学的介護情報システム）の運用が開始されました（**図表6-1**）。

図表6-1 科学的介護情報システム（LIFE）の歴史

2017年度

V I S I T

○ **VISITの運用を開始**
通所・訪問リハビリテーション事業所から、**リハビリテーション**の情報収集を開始
2020年3月末時点で631事業所が参加

2018年度

○ **介護報酬においてVISITを評価**
対象サービス：通所・訪問リハビリテーション事業所
リハビリテーションに係るデータの収集・分析を開始

2020年度

C H A S E

○ **CHASEの運用を開始**
全ての介護サービスを対象として、**高齢者の状態やケアの内容**等の情報を収集開始
2020年10月末時点で2,999事業所にIDを発行
モデル事業で、提出データとフィードバックを試行的に実施し、アンケート・ヒアリングを通じて、内容のブラッシュアップを実施。

2021年度

LIFE

○ **VISITとCHASEを統合し、LIFEの運用を開始**
令和3年度介護報酬改定において、新たな評価を創設
事業所単位に加えて、個人単位の分析結果をフィードバック予定
データの入力の負担を低減
2021年3月末時点で約6万事業所にIDを発行

＜LIFEの活用により可能となること＞
利用者個人の単位で、個人が受けているケアの効果が十分か、自身にあった適切なケアが何か等についてフィードバックされることにより、個人の状態に応じたデータに基づく適切なケアを受けることができるようになる。

出典：「科学的介護情報システム（LIFE）による科学的介護の推進について」厚生労働省老健局老人保健課

⑷　LIFEの概要と関連加算

　LIFEとは、介護施設・事業所がサービスを提供する利用者情報やケア計画やケアの内容などを一定の様式で入力すると、インターネットを通じて厚生労働省に送信され、蓄積されたデータを分析の後に、介護施設・事業所にフィードバックする情報システムです（**図表6-2**）。

　また、LIFEに関連した加算は多岐にわたります（**図表6-3**）。なお、LIFEの活用および関連加算は、今後、訪問系サービスや居宅介護支援事業所にも拡大される見込みです。

図表6-2　LIFEのデータ入力とフィードバックのイメージ

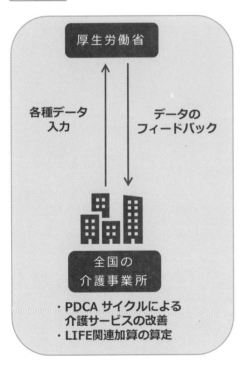

出典：医療・介護・感染症対策WG（第7回）「科学的介護の推進とアウトカム評価の拡充について」厚生労働省説明資料・2023年3月6日

図表6-3 LIFEの活用等が要件として含まれる加算一覧（施設・サービス別）

	科学的介護推進加算（Ⅰ）科学的介護推進加算（Ⅱ）	個別機能訓練加算（Ⅱ）	ADL維持等加算（Ⅰ）ADL維持等加算（Ⅱ）	リハビリテーションマネジメント計画書情報加算	環境療法及び作業療法及び言語聴覚療法に係る加算	褥瘡マネジメント加算（Ⅰ）褥瘡マネジメント加算（Ⅱ）	褥瘡対策指導管理（Ⅱ）	排せつ支援加算（Ⅰ）排せつ支援加算（Ⅱ）排せつ支援加算（Ⅲ）	自立支援促進加算	かかりつけ医連携薬剤調整加算	薬剤管理指導	栄養マネジメント強化加算	口腔衛生管理加算（Ⅱ）
介護老人福祉施設	○	○	○			○		○	○			○	○
地域密着型介護老人福祉施設入所者生活介護	○	○	○			○		○	○			○	○
介護老人保健施設	○			○		○		○		○		○	○
介護医療院	○				○		○	○			○	○	○

	科学的介護推進加算	個別機能訓練加算	ADL維持等加算（Ⅰ）ADL維持等加算（Ⅱ）	リハビリテーションマネジメント加算（A）ロ リハビリテーションマネジメント加算（B）ロ	褥瘡マネジメント加算（Ⅰ）褥瘡マネジメント加算（Ⅱ）	排せつ支援加算（Ⅰ）排せつ支援加算（Ⅱ）排せつ支援加算（Ⅲ）	栄養アセスメント加算	口腔機能向上加算（Ⅱ）
通所介護	○	○	○				○	○
地域密着型通所介護	○	○	○				○	○
認知症対応型通所介護（予防含む）	○	○	○〈予防を除く〉				○	○
特定施設入居者生活介護（予防含む）	○	○	○〈予防を除く〉					
地域密着型特定施設入居者生活介護	○	○						
認知症対応型共同生活介護（予防を含む）	○							
小規模多機能型居宅介護（予防を含む）	○							
看護小規模多機能型居宅介護	○						○	○
通所リハビリテーション（予防含む）	○	○		○〈予防を除く〉		○	○	○
訪問リハビリテーション				○〈予防を除く〉				

出典：「「科学的介護情報システム（LIFE）」の活用等について」厚生労働省事務連絡・2021年2月19日

　LIFEは、前身のVISITとCHASEを含め、介護施設・事業所でPDCAサイクルを回すために活用するツールです。

　PDCAとは、ケア計画の作成（Plan）、計画に基づくサービスの提供（Do）、サービスの提供内容の評価（Check）、評価結果を踏まえた計画の見直し・改善（Action）の一連のサイクルです。PDCAサイクルを科学的な根拠（エビデンス）に基づいて継続的に回すことで、介護サービスの質の向上を目指します。

　介護施設・事業所は、エビデンスに基づいた科学的介護の実践のデータをLIFEに提出。LIFEは、分析の結果を現場にフィードバックし、そのフィードバックデータを基に計画の見直し・改善にいかし、さらなるPDCAサイクルを回します（**図表6-4**）。

図表6-4 PDCAサイクルとLIFEの関係

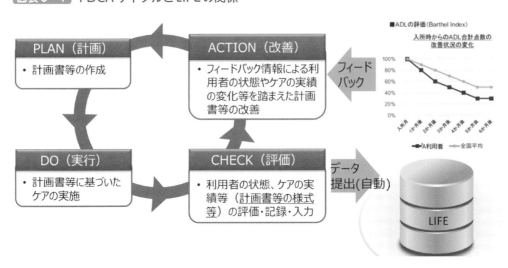

出典：「科学的介護情報システム（LIFE）による科学的介護の推進について」厚生労働省

2 科学的介護が介護現場にもたらす効果

科学的介護に基づくPDCAサイクルの実践とLIFEへのデータ提出で考えられるのは、データ入力作業などの負担の増大です。しかし結論からいえば、ICT活用で実現する「生産性向上」と「科学的介護」の両面作戦で介護業務の質が上がります。

(1) 科学的介護の実践は、介護の質向上への取組み

科学的介護は、ICT活用と切り離せない関係にあります。第1章では、ICT活用が生産性向上をもたらすこと、生産性向上で「間接的業務」の効率化が図られ時間的な余裕が生まれること、その時間的余裕を「直接介助」にあてれば介護の質の向上が実現できることを述べました。

科学的介護は、科学的な根拠に基づく介護であり、「直接介助」の質の向上に寄与する大きな可能性を秘めています。**ICT活用で生まれる時間的な余裕を、「科学的介護」にも振り分けることで、介護の質を高めることが可能になります。**すなわち、ICT活用による「生産性向上」と「科学的介護」の両輪で、従来から所有するポテンシャルを大きく拡大することができるのです（**図表6-5**）。

図表6-5 生産性向上と科学的介護の両輪で介護のポテンシャルが拡大する

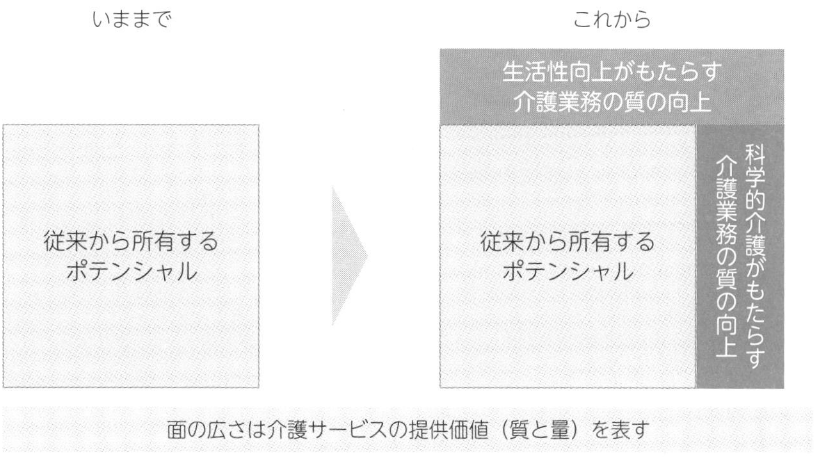

いままで　これから

生活性向上がもたらす介護業務の質の向上

従来から所有するポテンシャル

科学的介護がもたらす介護業務の質の向上

面の広さは介護サービスの提供価値（質と量）を表す

⑵ 科学的介護は「考える現場」をつくる

　科学的介護で介護業務の質がなぜ上がるかについて、整理しておきます。

　科学的介護では、利用者情報、既往歴、服薬情報、栄養・摂食嚥下情報、口腔衛生管理情報、リハビリテーション情報、褥瘡に関する情報、排泄情報、ADL情報などの各種データを入力し、蓄積していきます（**図表6-6**）。

図表6-6　LIFEのファイル一覧

〔LIFE項目（IF種）v2.0（R3.10）24ファイル 約2,101項目〕※各ファイル共通項目等含む

1　利用者情報	全22項目	12　リハビリテーション計画書（医療介護共通部分）	全152項目
2　科学的介護推進情報	全90項目	13　リハビリテーション計画書（介護）	全222項目
3　科学的介護推進情報（既往歴情報）	全10項目	14　リハビリテーション会議録（様式3情報）	全41項目
4　科学的介護	全17項目	15　リハビリテーションマネジメントにおけるプロセス管理表（様式4情報）	全173項目
5　栄養・摂食嚥下情報	全130項目	16　生活行為向上リハビリテーション実施計画書（様式5情報）	全142項目
6　栄養ケア計画等情報（★2.0で追加）	全91項目	17　褥瘡マネジメント情報	全51項目
7　口腔衛生管理情報	全179項目	18　排泄支援情報	全31項目
8　口腔機能向上サービス管理情報	全157項目	19　自立支援促進情報	全121項目
9　興味関心チェック情報	全162項目	20　薬剤変更情報	全16項目
10　生活機能チェック情報	全53項目	21　薬剤変更情報（既往歴情報）	全10項目
11　個別機能訓練計画情報	全77項目	22　ADL維持等情報	全20項目
		23　その他情報	全87項目
		24　NPI評価尺度情報（★2.0で追加）	全47項目

NPI（Neuropsychiatric Inventory）評価：認知症における行動・心理症状（BPSD）を測定する検査

出典：厚生労働省資料を基に著者作成

　ただし、データの入力・蓄積は、まだまだ準備運動に過ぎません。科学的介護の真価は、そこから始まります。利用者一人ひとりに関して蓄えられたデータを専門職としての視点で分析することで、より良い介護を探っていく営みが実施されるのです。

　たとえば、リハビリのプログラムを実施しているのに、ゴール設定になかなか届かないといったケースがあったとします。その理由をさまざまなデータを読み解くことで見つけていくのです。もしかしたら原因は、栄養状態の悪化だったのかもしれませんし、

摂食・嚥下機能の低下にあるのかもしれません。あるいは、薬剤の変更、排泄、他の健康上の問題に疑いがあるのかもしれません。

　そのような分析をするために、多職種が自施設のデータやLIFEからのフィードバックデータを基にディスカッションを交わし、利用者ごとに最適な介護を探し出していきます。

　これが科学的介護を取り入れたことで起こる現場の変化です。それは、職員一人ひとりが「考える現場」への変化ともいえるでしょう。考える現場になることで、専門性が磨かれ、介護業務の質が向上していきます。

⑶　LIFEのデータは多職種間の共通言語となる

　介護と医療の専門用語など、専門職間での共通言語の違いが問題になることがあります。その点、データはグラフなどのビジュアル化も容易であり、多職種間の共通言語として用いることができます。

　科学的介護の実践を続けている社会福祉法人援助会 特別養護老人ホーム聖ヨゼフの園（福岡県北九州市）では、2017（平成29）年からインカムや見守り支援機器などのICTを積極的に導入。LIFEの活用が褥瘡予防、廃用性予防、排泄ケア、看取りケア、栄養・摂食・嚥下・口腔ケア、チームケアの他、すべてのケア（トータルケア）につながるとして細かくデータを取得し、多職種連携の共通言語としています。

　同法人の経営理念に盛り込まれているキーワードは「人に尽くす」こと。その実現のために、LIFEのデータを積極的に活用しながら、一つひとつのケアで多職種連携を実施しています（**図表6- 7**）。

　たとえば、「褥瘡マネジメント加算」においては、今まで施設が実施してきた「褥瘡予防・スキンケア」をLIFEに連動。声かけ、触り方、保湿、清潔、排泄ケア、スキンケア、姿勢ケア、栄養トータルなどについて、多職種間で、それぞれの専門的知見を交換しながら、さらなる業務改善につなげています。

図表6-7 すべてのケアにLIFEのデータを活用しながら多職種が連携する

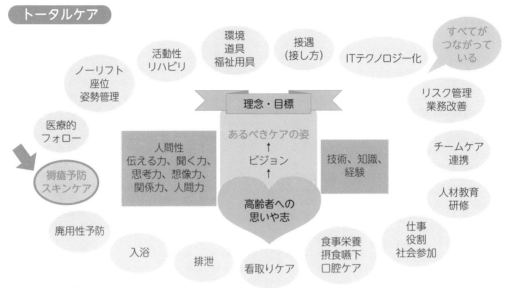

褥瘡皮膚ケア
声かけ、触り方、保湿、清潔、排泄ケア、スキンケア、姿勢ケア、栄養トータル……
業務改善まで必要

出典：社会福祉法人援助会 聖ヨゼフの園資料

⑷　今後求められる介護施設の人材

　これからの時代、ケアの質を上げていくためには、「ICTの活用」と「多職種連携」
が必須となってきます。LIFEは、その必須条件を満たす絶好の機会となります。

　社会福祉法人小田原福祉会 特別養護老人ホーム潤生園は、1990年代から電子手帳を
使った記録システムで利用者一人ひとりへの介護を記録するなど、早くからICTの活
用（介護記録の電子化）を進めています。潤生園では、介護記録の電子化に手応えを感
じ、LIFEの活用にも前向きに取り組みました。

　潤生園のLIFEに関わるデータ入力に際しての大きな特徴は、「全員入力」です。事
務員やシステムエンジニアに入力を任せてしまうと科学的介護のメリットがいかせない
という考え方がありました。科学的介護とは、科学的裏付け（エビデンス）に基づく介
護です。現場の職員が責任を持ってデータ入力することで、エビデンスの理解度が上が
ります。そして、全員入力を可能にしたのが、LIFEの導入以前から通常業務として行
われていた介護記録のデータ入力でした。

　その結果、データが介護、看護、リハビリ、管理栄養士など多職種の共通言語となり、

そのデータを基に議論を重ねるなど、LIFEの活用によって専門職間のコミュニケーションをさらに活性化していきました。

　潤生園のケースが教えてくれるように、今後の介護施設の人材には、以下の2点が不可欠となってきます。

〔今後の介護施設の人材に求められること〕

❶データ入力など、ICTの活用ができる。

❷データを読み解き、多職種との議論に自分の専門性を発揮できる。

　逆にいえば、ICTの活用に抵抗感があり、データを基にした議論ができない職員は、多職種連携によるケアの質の向上にコミット（参加すること、関わり合うこと）はできないのです。

　ところで、科学的介護は介護施設・事業所にとって、必須となっていくのでしょうか？次項で科学的介護の取組みの必要性について解説します。

3 科学的介護（LIFE）に取り組むことの必要性

2024（令和6）年度の介護報酬改定では、LIFE関連加算の一部の様式・指標の見直しを行うことが検討されていることに加え、従来までの、施設系・通所系・多機能系・居住系サービスに加え、訪問系サービス（訪問介護、訪問看護、訪問リハビリテーションなど）と居宅介護支援にLIFE関連加算が拡大されることが予想されています。こうした流れの中、国が科学的介護（LIFE）に抱く将来像を整理しておきましょう。

(1) 介護も含めた「全国医療情報プラットフォーム」の構築へ

未来投資戦略2017では、2025（令和7）年に向けて、目指すべき社会像と生活・現場のワンシーンとして、こんな風景が描かれました。

目指すべき社会像

団塊の世代が全て75歳以上となる2025年には、ビッグデータ・AIなど技術革新を最大限活用し、最適な健康管理と診療、自立支援に軸足を置いた介護など、「新しい健康・医療・介護システム」が確立している。

変革後の生活・現場のワンシーン

〔高齢者・家族〕

市街地から離れた実家に暮らす高齢の父親は、遠隔診療により、かつての週に1回から、今では月に1回へと通院負担が軽減され、データ・AIを活用したかかりつけ医による診療を無理なく受けられる。要介護状態の母親は、データ・AIを活用した最適なケアプランにより、要介護度が改善し、自宅で過ごす時間が増え、団らんを楽しんでいる。

〔現場〕

医師は、これまでばらばらだった患者の健診・治療・介護記録を、本人同意の下確認し、初診時や救急時に医療機関において患者情報を活用し、個人に最適な治療

がいつでもどこでも可能に。介護現場でも、ICT等の活用により、夜間の見守りなどをめぐる職員の厳しい労働環境は大幅に改善され、その分、専門性を生かして個々の利用者に最適なケアの提供が可能に。

「未来投資戦略2017（全体版）—Society 5.0の実現に向けた改革—」2017年6月9日・p 7より抜粋（一部改変）

こうした社会像の実現のために、未来投資戦略2017は、個人・患者本位で最適な健康管理・診療・ケアを提供するための基盤として「全国保健医療情報ネットワーク」の構築を必要とし、「データヘルス改革推進本部」（厚生労働省）がICTインフラの抜本改革などを推進することになりました。

◉データヘルス改革推進の4つの柱

❶全国的なネットワーク構築による医療・介護現場での健康・医療・介護の最適提供

❷国民の健康確保に向けた健康・医療・介護のビッグデータ連結・活用

❸科学的介護の実現

❹最先端技術の導入

データヘルス改革推進本部では、2017（平成29）年より、4つの柱を軸に国民の健康確保のためのサービスの構築を進めました。このうち、**③科学的介護の実現**では、「介護の科学的分析のためのデータを収集し、最適なサービスを提供（世界に例のないデータベース構築）」とされ、これがLIFEへと発展していきます。

◉全国医療情報プラットフォームの構築におけるLIFEの位置付け

データヘルス改革推進が進捗する中、「経済財政運営と改革の基本方針2022」が閣議決定され（2022〔令和4〕年6月7日）、介護も含めた「全国医療情報プラットフォーム」の構築が改めて再確認されました。

全国医療情報プラットフォームとは、医療保険者、医療機関・薬局、自治体、介護事業所などがばらばらに保管している国民一人ひとりの健康・医療情報を集約して、利活用するためのシステムであり、レセプト、予防接種、電子処方せん情報、自治体検診情報、電子カルテ、LIFEを含んだ介護情報などを共有する全国的なプラットフォームです。

2023（令和5）年1月25日に開催された「健康・医療・介護情報利活用検討会 介護情報利活用ワーキンググループ」（厚生労働省老健局）で、介護情報として、要介護認定情報、請求・給付情報、ケアプランに加え、LIFE情報（フィードバックデータ）が、

プラットフォームで共有する情報の候補にあがりました。こうした情報は、将来的に「マイナポータル」（マイナンバーカードを持った全国民が利用できる政府運営のオンラインサービス）と結び付くことで、本人が閲覧できる他、本人の同意のもとに、介護施設・事業者、市町村などで情報共有することができるようになる予定です（**図表6-8**）。

(2)　LIFEの活用は時代の流れ

LIFEは、データを作成する介護施設・事業所のためだけではなく、国民（介護サービス利用者）も含めて「全国医療情報プラットフォーム」を利活用することまでを目的とする国家的プロジェクトの一翼を担っています。

2023（令和5）年現在においては、フィードバックデータなど発展途上の感もありますが、将来に向けて課題は改善され、より使い勝手が良く、フィードバックデータも充実したものになっていくはずです。

LIFEの今後を予想してみると、かなりの確率で以下のことが考えられると思います（**図表6-9**）。LIFEの活用は、もはや時代の流れであり、今後予想される数々のメリットを考えると、LIFEへの参加にためらう理由は見当たらないのではないでしょうか。

図表6-9　LIFEの今後の見通しと事業所への影響

分類	LIFEのこれから	起こること
システム関連	様式・指標の見直しが行われる	使い勝手が良くなる
	既存の項目が拡充する	より細かなデータ分析ができる
	フィードバックデータの精度が上がる	自施設のPDCAサイクルに役立つデータとなる
	利用者向けのフィードバックデータが開発される	利用者から選ばれる事業所となるためにLIFEの利用が求められる
加算関連	加算の対象となる事業所の種類が増える	
	加算が分厚くなる	LIFEを利用しないと経営面で厳しくなる

著者作成

図表6-8 「全国医療情報プラットフォーム」（将来像）

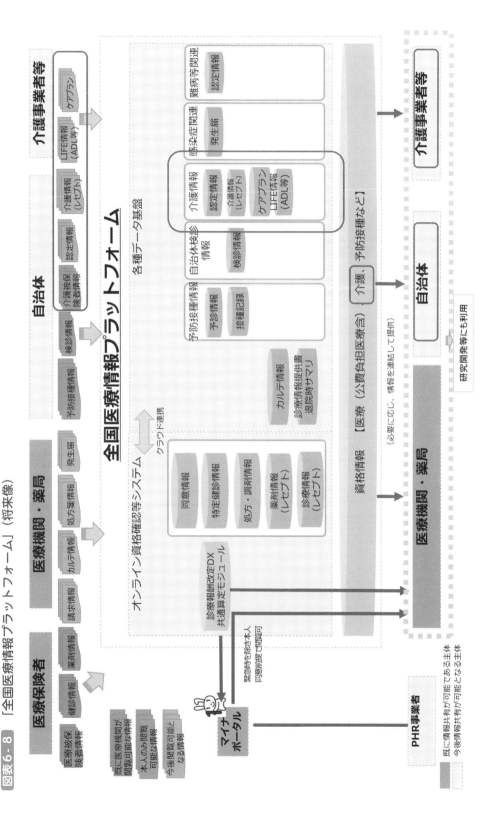

出典：健康・医療・介護情報利活用検討会 介護情報利活用ワーキンググループ（第3回）「資料1 共有すべき介護情報にかかる検討について」厚生労働省・2023年

●加算の取得目的でLIFEの利用を始めた介護施設の例

　ある介護施設は、加算の取得が目的でLIFEの利用を始めました。いわゆるトップダウンです。ところが、利用を始めてみると、現場が変わり始めたといいます。

　加算の種類は、「科学的介護推進体制加算」「褥瘡マネジメント加算」などです。現場では、上司にいわれるままに、細かくアセスメントして、データを入力、LIFEにアップするという業務を始めました。すると、介護業務の質に関係するいくつかのメリットが出始めました。

　まず、データを入力しているうちに、職員がデータに興味を持ち始めました。たとえば、褥瘡マネジメント加算を取得するために、褥瘡の状態や危険因子の評価に関するデータの入力を重ねます。すると、データが物語っているものが見えてくるようになりました。これがデータの検証です。この検証により、対象となる利用者に対するケアの適切さが読み解けるようになり、結果としてケアの質が向上したというのです。

　同介護施設がLIFEを始めたのは「加算取得」が目的でしたが、現場に「データの検証」が定着し、「ケアの質の向上」の効果が生まれました。いってみれば、加算取得がきっかけで、「現場がいつの間にか科学している」といううれしい誤算となったのです。

　このように、動機はなんであれ、LIFEの利用は現場にポジティブな変化をもたらす可能性があります。

　とはいえ、LIFEを導入した施設には、現場の混乱や不満が生じたところもあるようです。そうならないような方策を紹介していきたいと思います。

4 科学的介護（LIFE）実施にあたって準備すべきこと

　LIFEが効果を発揮するためには、現場の職員全員がデータを入力し、全員がデータにコミットできる環境と、入力するデータの精度を上げる仕組みを準備することが必要です。

(1) 多職種でデータに基づく議論を行う場を準備する

　LIFEをケアの向上に結びつけるためには、データを分析し、あるべきケアの方法を議論する場を準備することが極めて重要です。

　LIFEのサーバにデータをアップするのが科学的介護の目的ではありません。LIFEからのフィードバック情報が発展途上の現状もありますが、現場で集めたデータは、現場でいかせてこそ価値があります。

　そこで、現場で入力したデータに価値を見い出す場として、従来までのケアカンファレンスをデータに基づく議論を行う場にしていくことが求められます。そこでは、介護職、看護職、リハビリ職、管理栄養士、ケアマネジャー、相談員の他、必要に応じて医師や歯科医師、薬剤師なども加わり、多職種間で、利用者一人ひとりの健康状態やADLの変化、バイタル、栄養状態、食事や排泄、実施したケアや医療などのデータ、LIFEへインプットした元データ、LIFEからのフィードバックデータを見ながら議論していきます（**図表6-10**）。

図表6-10 ケアカンファレンスを多職種がデータを基に議論する場にする

⑵ 「データオーナー」を設置し、入力内容の均質化を図る

　LIFEに提出するデータは、選択肢から選んでの入力が基本であり、入力する職員によって選び方が違っていては、分析に影響が出てしまいます。ところが、選択肢の中には選ぶのに迷ってしまうものもあるため、入力内容の均質化を図ることが大切です。

　「ADL維持等加算」で使用するバーセルインデックス（Barthel Index）を例にとってみます。食事の選択肢は、自立10点、部分介助5点、全介助0点と一見選びやすそうに見えますが、2021（令和3）年4月21日に公開された厚生労働省動画「Barthel Index（BI)」を視聴しても、次のように迷うこともあるでしょう。

〔バーセルインデックスの「食事」項目での迷いの例〕

・自立の判定基準にある「適切な時間に食べ終えることができる」の「適切な時間」とはどの程度なのか？

・「摂取直前に（料理を）切る介助が必要な時」は部分介助に該当するが、「きざみ食など、調理室での食事形態の変更」の場合、他が自立していれば、自立評価となる。それならば、配膳直前に介助者が調理室で切った場合はどうなのか？　また、介助者が切ると部分介助なのに、調理担当者が切れば部分介助にならないのはなぜか？

　このような迷いに答え、データの入力に均質化を図るのが「データオーナー」です。データオーナーは、現場での入力に際しての疑問を解消するとともに、入力漏れをなくすなど、データについての責任を持つ、データの管理者としての役割を持ちます。

　具体的には、医療に関するデータは看護師、栄養に関するデータは管理栄養士、身体機能についてはリハビリ職がデータオーナーになるなどして、入力の精度を上げていきます。

　また、データオーナーが講師となり、職員全員がより信頼性の高いデータを入力できるようにする勉強会を開催することも、入力内容の均質化に効果をもたらす有力な方法です。

⑶　現場での入力作業の負荷を軽減する

　いずれにしてもLIFEの利用を始めると、データ入力という新しい業務時間が加わってくるのは事実です。しかし、入力に手間取っていては、データ活用には永遠にたどり着きませんし、現場に余計な負荷をかけてしまいます。

　現場での入力作業の負荷を減らすために、入力環境の整備（スマートフォンやタブレットの使用など）、記録ソフトの整備（入力がより簡単なソフトの使用など）といった準備が必要です。

5 今からでもできること

　LIFEは、全国の介護現場から収集し蓄積したビッグデータを分析し、分析の結果を現場にフィードバックし、さらなる科学的介護を推進することを目的としています。ところが、「フィードバックは、まだまだ未成熟」とする現場の声が多いのが現状です。しかし、現場で使えるフィードバックデータを待たないまでも、現場収集したLIFEのデータをいかすことで、ケアの質の向上と利用者の福利のために、PDCAサイクルを回すことができます。

　そこで、LIFEの目指す将来像と現状を押さえたうえで、「今からでもできること」を考えていきます。

(1) LIFEの将来像

　LIFEのビッグデータを介護現場にフィードバックすることで、エビデンスに基づいた質の高い科学的介護を実践することができる。これがLIFEの大きな目的です。

　たとえば、利用者一人ひとりの「本人の状態」「活動」「栄養状態」のデータを収集・蓄積・分析することで、「リハビリテーションの提供に合わせて、間食など食事提供量の増量を推奨」とするフィードバックが介護現場に戻されるという将来イメージが描かれています（**図表6-11**）。

　現状では、このようなフィードバックは戻ってきていませんが、将来的には、上記のようなフィードバックが、介護現場におけるさまざまな領域において、より精緻に行われることが目指されています。

　このフィードバックは、全国の介護現場で実践されている「専門性の集合知」ともいえ、LIFEが成熟することで全国の介護実践の集合知の上に、自施設の介護実践を積み上げていくことができるようになります。

図表6-11 LIFEで提供されるフィードバックの将来像（イメージ）

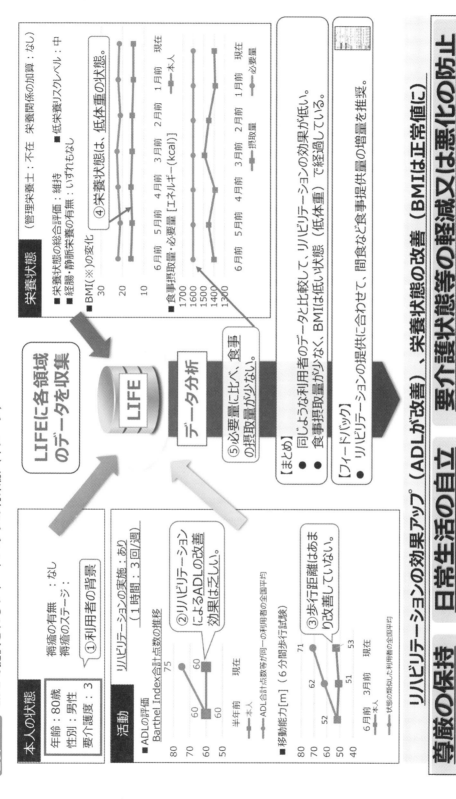

出典：厚生労働省老健局「科学的介護情報システム（LIFE）による科学的介護の推進について」

⑵ 現場での専門スキル向上にもたらす影響

　LIFEの成熟は、現場職員の専門スキル習得にも好影響を与えます。従来型の専門スキル習得過程と比較してみます（**図表6-12**）。

　LIFEからのフィードバックが成熟していけば、全国の介護現場が経験した実践値を踏まえて個人の経験値による専門スキル習得が行えるようになり、ケアの質の向上につながっていくはずです。

　しかし、科学的介護のもう一つの魅力は、LIFEからのフィードバックを待たなくても、ケアの質の向上が実現できることにあります。

図表6-12 専門スキル習得過程の比較（LIFE活用以前と活用後）

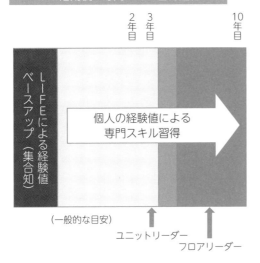

著者作成

⑶ セルフチェックのすすめ

　介護現場で集めたデータを活用しないのは、宝の持ち腐れです。**多職種連携を行いながら、自施設や自法人内でデータを分析（セルフチェック）し、介護現場のPDCAサイクルへのフィードバックを積み上げていけば、現場職員の専門スキルとケアの質の向上が実現します**（図表6-13）。

　なお、セルフチェックは、多職種が参加する法人規模、施設規模のケアカンファレンスや、ユニット内の定期ミーティング、利用者・家族を交えたサービス担当者会議などで行います。また、セルフチェックを発展させ、地域で行う複数の施設・事業所による事例検討会や地域ケア会議などでデータを活用することも可能です。

図表6-13 セルフチェックによるデータ分析を、PDCAサイクルに反映する

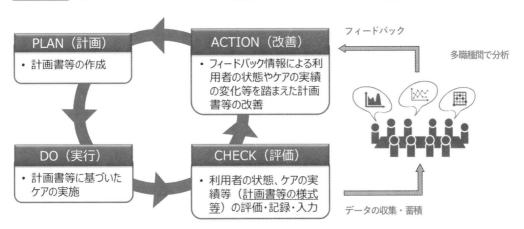

出典：第185回社会保障審議会介護給付費分科会資料「令和3年度介護報酬改定に向けて（自立支援・重度化防止の推進）」厚生労働省・2020年を一部改変

⑷ 定点観測とビジュアル化のすすめ

　データを多職種間で共有し、分析していく際には、利用者一人ひとりの状態やケア内容の変化を定期的にデータ入力（定点観測）し、そのデータをビジュアル化（グラフ化）することをおすすめします。

　ビジュアル化は、Excelのグラフ機能や**TIPS 12**で紹介するBIツール（Business Intelligenceツール：法人内に蓄積されたデータを集めて分析・可視化して意思決定を支援するツール）を利用すると比較的簡単にできます。ビジュアル化することで、自分

たちが入力したデータに興味・関心が高まり、継続的にデータ入力することに価値を見いだしていくことにつながります。

⑸　科学的介護のすすめ

　2021（令和3）年9月の段階では、介護保険施設の63.7%、介護老人福祉施設の50.6%がLIFE関連加算を算定しています（**図表6-15**）。その後、加算を算定している施設は増加していることが見込まれますが、LIFEの利用にためらっている施設があるのも現状のようです。

　今まで見てきたように、科学的介護は、LIFEからのフィードバックを待たなくても、データの活用しだいでは、介護職員の専門スキルとケアの質を高めます。入力作業の負担や入力内容のバラツキなどに課題を残していますが、これも、ICTの積極活用、記録ソフトの見直し、データオーナーの設置などで克服することができます。

　今後、LIFE関連加算はますます手厚くなることが予想され、LIFEはすべての国民が享受できる「全国医療情報プラットフォーム」に組み込まれていく予定です。

　こうした大きな流れの中、セルフチェックを含め、介護現場での科学的介護（LIFE）の積極活用が望まれます。

図表6-15 サービス別LIFE関連加算の算定状況

サービス名称	施設・事業所数 （事業所番号数）	LIFE関連加算算定 事業所数 （事業所番号数）	LIFE関連加算 算定割合	
訪問リハビリテーション	5117	932		18.2%
通所介護	24334	8203		33.7%
通所リハビリテーション	8090	3448		42.6%
認知症対応型共同生活介護 （短期利用以外）	14036	3998		28.5%
特定施設入居者生活介護 （短期利用以外）	5597	1371		24.5%
介護予防特定施設入居者生活介護	4427	1099		24.8%
地域密着型特定施設入居者生活介護 （短期利用以外）	355	92		25.9%
介護予防認知症対応型共同生活介護 （短期利用以外）	1011	258		25.5%
介護福祉施設サービス	8318	4213		50.6%
介護保健施設サービス	4235	2696		63.7%
地域密着型介護老人福祉施設入所者 生活介護	2469	1228		49.7%
介護医療院サービス	613	282		46.0%
介護予防通所リハビリテーション	7870	3127		39.7%
認知症対応型通所介護	3124	981		31.4%
小規模多機能型居宅介護 （短期利用以外）	5575	1654		29.7%
介護予防認知症対応型通所介護	453	148		32.7%
介護予防小規模多機能型居宅介護 （短期利用以外）	3871	1127		29.1%
複合型サービス（看護小規模多機能型 居宅介護・短期利用以外）	825	298		36.1%
地域密着型通所介護	18950	4222		22.3%

出典：第209回社会保障審議会介護給付費分科会（Web会議）「【資料1-2】（2）LIFEを活用した取組状況の把握及び訪問系サービス・居宅介護支援事業所におけるLIFEの活用可能性の検証に関する調査研究事業（結果概要）（案）」厚生労働省・2022年

おわりに

　著者は、ICTが介護と福祉の現場で皆さんの業務に貢献することにより、少しでも現場の労力が軽減されることで、業界の皆さんがいきいきと職務に励み、ご利用者様へ満足にサービスが提供できる社会を目指し、「**一般社団法人日本ケアテック協会**」をはじめとした個人での活動や、自身が経営する「**株式会社ビーブリッド**」を通じた「**介護・福祉業界特化DX伴走支援事業**」等で貢献してまいりました。

　これらの活動を通じて、著者から読者の皆さんにお伝えしたいことはたった一つです。
「ICTはただの道具でしかない」

　シンプルなICT活用にはじまり、現在は本書のタイトルにもあるDXなど、これまで介護業界にはさまざまなICT化の波が定期的に押し寄せ、その都度現場は翻弄されてきました。令和に入ってからも科学的介護を筆頭に、介護にICTやデジタル活用が必要不可欠であるという論調が、メディアなどを通じて常態的に発信されていますが、半分は正しく、半分は誤った形で皆さんに受け取られていると著者は推測しています。

　ICT活用やDXがいくら叫ばれようとも、介護業界は「**介護と福祉の現場で活躍する皆さんと、ご利用者様が主**」であり、ICTはそれらを実現に近づけるためのパーツでしかありません。デジタル活用を通じて業務そのものの在り方や世界観を変えるDXについても同様です。結果的にICT活用やDXが必要になるかもしれませんが、何よりも重要なのは、**職員の皆さんが所属する施設で何を実現したいか**ということです。

　それはご利用者様のQOL向上や安全の確保かもしれませんし、それらを実現する職員の満足度やケアの質の向上かもしれません。あるいはそれらを阻む周辺業務の削減かもしれませんし、ご家族と力を合わせた介護かもしれません。恐らく皆さんはその全てだとお答えになるでしょう。

　それらの実現に向けてデジタルの活用が必要であれば、パーツであるICTは威力を発揮するでしょう。しかし面白いもので、ICTをやみくもに活用しても上記の実現には至りません。なぜならパーツである道具は目的を決めてくれないからです。

　道具であるICTにしっかりと役に立ってもらうためにも、第2章でご紹介したプロセスに則って、何のためにICT活用をするのか、きちんと定めて取組みを進めてください。

　幸いなことに、数年前と比較すると非常に多くのケアテック企業（介護と福祉業界向けのICT等のサービスを提供する企業）が生まれ、介護と福祉業界向けに多くのサービスを提供する世となりました。また、政府や自治体の後押しも過去とは比較にならないほどに進んでおり、それらの流れも皆さんがICT活用を進めるうえで追い風となるでしょう。

　介護と福祉の現場の皆さんのICT活用についてのご理解と、真のICT活用の実現に向けて、本書が少しでも皆さんのお役に立つことを願い、最後の結びとさせていただきます。

2023年6月
株式会社ビーブリッド　竹下 康平

著者紹介

竹下 康平

株式会社ビーブリッド　代表取締役

1975年青森県生まれ。

株式会社ビーブリッド 代表取締役、日本福祉教育専門学校 非常勤講師、（一社）日本ケアテック協会 専務理事／事務局長、（一社）介護離職防止対策促進機構 理事、（公社）かながわ福祉サービス振興会 LIFE推進委員会 副委員長。

プログラマーやシステムエンジニア等を経て、2007（平成19）年より介護事業のICT戦略等に携わった後、2010（平成22）年ビーブリッド創業。

現在は介護・福祉事業者専門DX支援サービス『ほむさぽ』を中心に、現場のICT活用やDX推進に努めている。

介護・福祉事業者向けICT講演回数は全国トップクラスで、（2021〔令和3〕年は71の講演実績あり）介護業界のDXご意見番として、行政や事業者団体、学校等での講演活動および多くのメディア記事等での情報発信を通じ、ケアテックの普及推進中。また規制改革推進会議（内閣府）等の会議では有識者として参画し、介護のDXに関する知見を業界に発信する等、多方面で活躍中。

〈委員等〉

・内閣府 規制改革推進会議 有識者
・学校法人 敬心学園　［文科省委託事業］専修学校における先端技術利活用実証研究（VR・AR活用）プログラム開発委員長
・社会福祉法人 善光会　［厚労省委託事業］介護ロボットの活用に向けた人材育成　委員
・学校法人 敬心学園　［文科省委託事業］介護業務におけるマネジメント研修開発　委員
・全国老人福祉施設協議会　［厚労省老健事業］特別養護老人ホームにおけるケア記録に関する調査研究事業　委員
・北九州市立大学　［文科省委託事業］ケアIT講義（VOD）講師
・千葉大学　［文科省委託事業］キャリアアップを見据えた介護・医療・福祉DX＋人材育成プログラム　委員
・学校法人 敬心学園　［文科省委託事業］テクノロジーを利活用して介護DXを進める、現場実践能力の高い介護職の効果的な養成プログラム開発及びその就職・転職に関する有効性を確認する実証研究　委員

事例提供会社

【IoT（見守り支援機器）】

事例1・2

会 社 名：**コニカミノルタQOLソリューションズ株式会社**
住　　所：〒100-7015　東京都千代田区丸の内2-7-2 JPタワー15階
電話番号：03-6262-1552
製品HP：https://hitomeq.konicaminolta.com

事例3

会 社 名：株式会社ZIPCARE

住　　　所：〒101-0025 東京都千代田区神田佐久間町4-16 パルK2ビル3F

電話番号：03-5817-8767

製品HP：https://mamoruno.zipcare.co.jp/

事例4

会 社 名：パラマウントベッド株式会社

電話番号：お客様相談室　0120-03-3648（9時〜17時〔年始1／1〜1／1は休業〕）

【介護記録（請求）機器】

事例5

会 社 名：エヌ・デーソフトウェア株式会社

住　　　所：〒992-0479 山形県南陽市和田3369

電話番号：0120-945-597

製品HP：https://www.ndsoft.jp/

【コミュニケーション機器】

事例6

会 社 名：Chatwork株式会社

住　　　所：〒105-0003 東京都港区西新橋1-1-1 WeWork日比谷FORT TOWER

製品HP：https://go.chatwork.com/ja/

事例7・8・9

会 社 名：ワークスモバイルジャパン株式会社

住　　　所：〒150-0001 東京都渋谷区神宮前1-5-8 神宮前タワービルディング11F

電話番号：LINE WORKSそうだん窓口　03-4316-2996（平日10時-12時、13-18時 土日祝日を除く）

製品HP：https://line.worksmobile.com/jp

事例10

会 社 名：株式会社ティービーアイ

住　　　所：〒104-0031 東京都中央区京橋2丁目2-1 京橋エドグラン28F

電話番号：03-6841-8200（代表）

製品HP：https://cleartalkcom.net/

【業務省力化】

事例11

会 社 名：インフォコム株式会社

住　　　所：〒107-0052 東京都港区赤坂9-7-2 東京ミッドタウン・イースト10階

電話番号：03-6866-3000（代表）

製品HP：https://care-infocom.jp/cws-care/

事例12

会 社 名：ダイハツ工業株式会社

住　　　所：〒103-0023 東京都中央区日本橋本町2-2-10

電話番号：03-4231-8883

製品HP：https://www.daihatsu.co.jp/rakupita/

サービス・インフォメーション

―――――――――――――――――――――― 通話無料 ――――

① 商品に関するご照会・お申込みのご依頼
TEL 0120(203)694／FAX 0120(302)640

② ご住所・ご名義等各種変更のご連絡
TEL 0120(203)696／FAX 0120(202)974

③ 請求・お支払いに関するご照会・ご要望
TEL 0120(203)695／FAX 0120(202)973

● フリーダイヤル（TEL）の受付時間は、土・日・祝日を除く
9：00～17：30です。
● FAXは24時間受け付けておりますので、あわせてご利用ください。

今すぐできる！ 仕事が変わる!!
ICT導入から始める介護施設のDX入門ガイド
―準備から運用まで徹底解説―

2023年7月30日　初版発行

著　者　　株式会社ビーブリッド　竹下康平

発行者　　田 中 英 弥

発行所　　第一法規株式会社
〒107-8560　東京都港区南青山2-11-17
ホームページ　https://www.daiichihoki.co.jp/

介護施設DX　ISBN 978-4-474-09157-3　C2036（9）